文库

梁启超　著

清代学术概论

四川文艺出版社

图书在版编目（ＣＩＰ）数据

清代学术概论 / 梁启超著 . -- 成都 : 四川文艺出版社 , 2024.1
（大家学术文库）
ISBN 978-7-5411-6804-8

Ⅰ . ①清… Ⅱ . ①梁… Ⅲ . ①学术思想 – 思想史 – 概论 – 中国 – 清代 Ⅳ . ① B249

中国国家版本馆 CIP 数据核字（2023）第 225100 号

清代学术概论
QINGDAI XUESHU GAILUN
梁启超　著

出 品 人　谭清洁
责任编辑　张亮亮
内文设计　格林文化
责任校对　段　敏

出版发行　四川文艺出版社（成都市锦江区三色路 238 号）
网　　址　www.scwys.com
电　　话　028-86361802（发行部）　028-86361781（编辑部）

排　　版　北京格林文化传播有限公司
印　　刷　三河市三佳印刷装订有限公司
成品尺寸　150mm×230mm　　开　本　16 开
印　　张　7.25　　　　　　　　字　数　90 千字
版　　次　2024 年 1 月第一版　　印　次　2024 年 1 月第一次印刷
书　　号　ISBN 978-7-5411-6804-8
定　　价　38.00 元

"大家学术文库"编者按

　　中国学术，肪自伏羲画卦，至周公制礼作乐而规模始备。其后，王官失守，孔子删述六经，创为私学，是为诸子百家之始。《庄子》曰："道术将为天下裂。"孔子殁后，儒分为八；墨子殁后，墨分为三。诸子周游天下，游说诸侯，皆以起衰救弊、发明学术为务，各国亦以奖励学术、招徕人才为务，遂有田齐稷下学官之设。商鞅变法，诗书燔而法令明；始皇一统，儒士坑而黔首愚。当此之时，学在官府，以吏为师，先王之学，不绝如缕。至汉高以匹夫起自草泽，诛暴秦，解倒悬，中国学术始获一线生机。其后，汉惠废挟书之律，民间藏书重见天日。孝武之世，董子献"罢黜百家，表彰六经"之策，定六经于一尊。其后，虽有今古之分、儒释之争、汉宋之异、道学心学之别、义理考据之殊，而六经独尊之势，未曾移也。

　　及鸦片战起，国门洞开，欧风美雨，遍于中夏，诚"三千年未有之变局"。当此之时，国人震于列强之船坚炮利，思有以自强；又羡于西人之政教修明，思有以自效。于是有"变法守旧之争""革命改良之争""排满保皇之争"，而我国固有之学术传统，亦因之而起变化。清季罢科举而六经独尊之势蹷，蔡子民废读经而六经独尊之势丧。当此之时，立论有疑古、信古、释古之别，学派有"古史辨"与"学衡"之争，学说有"文学革命""思想革命""文字革命""伦理革命"诸说，师法有"师俄""师日""师西"之分，众说纷纭，莫衷一是，百家争鸣，复见于近代。

民国诸家，为阐明道术、解救时弊，著书立说、授课讲学，其学术思想，历久弥新，至今熠熠生辉，予人启迪。然近人著作，汗牛充栋，多如恒河之沙，使人难免望书兴叹，不知从何下手，穷其一生，亦难以卒读。因此之故，我们特精选最具代表性之近人著作，依次出版，俾读者略窥学术门墙，得进学之阶。此次选辑出版，虽未能穷尽近人学术之精品，难免有遗珠之憾；然能示人以门径，使人借此以知近人学术规模之宏大、体系之完密，亦不失我们编辑出版"大家学术文库"之初衷。

此次出版，为适应今人阅读习惯，提升丛书品质，我们特对所选书籍做了必要之编辑加工，仍以保持各书原貌为宗旨。

然限于编者之有限学力，书中疏漏之处，在所难免，尚祈广大方家、读者诸君不吝批评斧正。

编　者
2024 年 1 月

序

　　方震编《欧洲文艺复兴史》既竣，乃征序于新会。而新会之序，量与原书埒，则别为《清学概论》，而复征序于震。震惟由复古而得解放，由主观之演绎进而为客观之归纳，清学之精神，与欧洲文艺复兴，实有同调者焉。虽然，物质之进步，迟迟至今日，虽当世士大夫大声以倡科学，而迄今乃未有成者，何也？

　　且吾于清学发达之历史中亦有数疑问：

　　一、耶稣会挟其科学东来，适当明清之际，其注意尤在君主及上流人，明之后、清之帝皆是也。清祖康熙，尤喜其算，测地量天，浸浸乎用之实地矣。循是以发达，则欧学自能逐渐输入。顾何以康熙以后，截然中辍，仅余天算，以维残垒？

　　二、致用之学，自亭林以迄颜李，当时几成学者风尚。夫致用云者，实际于民生有利之谓也，循是以往，亦物质发达之门。顾何以方向转入于经典考据者，则大盛，而其余独不发达？至高者，勉为附庸而已。

　　三、东原理欲之说震古铄今，此真文艺复兴时代个人享乐之精神也。"遏欲之害，甚于防川"，兹言而在中国，岂非奇创？顾此说独为当时所略视，不惟无赞成者，且并反对之声而不扬，又何故？

四、迨至近世，震于船坚炮利，乃设制造局，译西书，送学生，振振乎有发达之势矣。顾今文学之运动，距制造局之创设，后二十余年，何以通西文者，无一人能参加此运动？而变法维新、立宪革命之说起，则天下翕然从之，夺格致化学之席；而纯正科学，卒不扬？

此其原因有原于政治之趋势者。清以异族，入主中夏，致用之学，必遭时忌，故藉朴学以自保，此其一也。康熙末年，诸王相竞，耶稣会党太子，喇吗党雍正（此言夏穗卿先生为我言之），既失败于外，又遭谗于罗马，而传教一事乃竟为西学输入之一障害。此其二也。有原于社会之风尚者。民族富于调和性，故欧洲之复古为冲突的，而清代之复古，虽抨击宋学，而凭圣经以自保，则一变为继承的，而转入于调和，轮廓不明瞭，此科学之大障也。此其三。民族尚谈玄。艺术一途，社会上等诸匠人，而谈空说有者，转足以自尊。此其四。今时局机运稍稍变矣，天下方竞言文化事业，而社会之风尚，犹有足以为学术之大障者，则受外界经济之影响，实利主义兴，多金为上，位尊次之，而对于学者之态度，则含有迂远不适用之意味。而一方则谈玄之风犹未变。民治也，社会也，与变法维新立宪革命等是一名词耳，有以异乎？无以异乎？此则愿当世君子有以力矫之矣。

民国十年正月二日　蒋方震

目 录

自 序

（一）吾著此篇之动机有二。其一，胡适语我：晚清"今文学运动"，于思想界影响至大，吾子实躬与其役者，宜有以纪之。其二，蒋方震著《欧洲文艺复兴史》新成，索余序，吾觉泛泛为一序，无以益其善美，计不如取吾史中类似之时代相印证焉，庶可以校彼我之短长而自淬厉也。乃与约，作此文以代序。既而下笔不能自休，遂成数万言，篇幅几与原书埒。天下古今，固无此等序文。脱稿后，只得对于蒋书宣告独立矣。

（二）余于十八年前，尝著《中国学术思想变迁之大势》，刊于《新民丛报》，其第八章论清代学术，章末结论云：

> "此二百余年间总可命为中国之'文艺复兴时代'，特其兴也，渐而非顿耳。然固俨然若一有机体之发达，至今日而葱葱郁郁，有方春之气焉。吾于我思想界之前途，抱无穷希望也。"

又云：

> "有清学者，以实事求是为学鹄，饶有科学的精神，而更辅以分业的组织。"

又云：

> "有清二百余年之学术，实取前此二千余年之学术，倒卷而
> 缫演之，如剥春笋，愈剥而愈近里；如啖甘蔗，愈啖而愈有味；
> 不可谓非一奇异之现象也。此现象谁造之？曰：社会周遭种种因
> 缘造之。"

余今日之根本观念，与十八年前无大异同。惟局部的观察，
今视昔似较为精密。

且当时多有为而发之言，其结论往往流于偏至。——故今全
行改作，采旧文者十一二而已。

（三）有清一代学术，可纪者不少，其卓然成一潮流，带有
时代运动的色彩者，在前半期为"考证学"，在后半期为"今文
学"，而今文学又实从考证学衍生而来。故本篇所记述，以此两
潮流为主，其他则附庸耳。

（四）"今文学"之运动，鄙人实为其一员，不容不叙及。本
篇纯以超然客观之精神论列之，即以现在执笔之另一梁启超，批
评三十年来史料上之梁启超也。其批评正当与否，吾不敢知。吾
惟对于史料上之梁启超力求忠实，亦如对于史料上之他人之力求
忠实而已矣。

（五）篇中对于平生所极崇拜之先辈，与夫极尊敬之师友，
皆直书其名，不用别号，从质家言，冀省读者脑力而已。

（六）自属稿至脱稿，费十五日，稿成即以寄《改造杂志》
应期出版，更无余裕复勘，舛漏当甚多，惟读者教之。

民国九年十月十四日　启超识

第二自序

（一）此书成后，友人中先读其原稿者数辈，而蒋方震、林志钧、胡适三君，各有所是正，乃采其说增加三节，改正数十处。三君之说，不复具引。非敢掠美，为行文避枝蔓而已。丁敬礼所谓"后世谁相知定吾文者耶"；谨记此以志谢三君。

（二）久抱著《中国学术史》之志，迁延未成。此书既脱稿，诸朋好益相督责，谓当将清代以前学术一并论述，庶可为向学之士省精力，亦可唤起学问上兴味也。于是决意为之，分为五部：其一，先秦学术；其二，两汉六朝经学及魏晋玄学；其三，隋唐佛学；其四，宋明理学；其五，则清学也。今所从事者则佛学之部，名曰《中国佛学史》，草创正半。欲以一年内成此五部，能否未敢知，勉自策厉而已。故此书遂题为"中国学术史第五种"。

（三）本书属稿之始，本为他书作序，非独立著一书也，故其体例不自惬者甚多。既已成编，即复怠于改作，故不名曰《清代学术史》，而名曰《清代学术概论》，因著史不能若是之简陋也。五部完成后，当更改之耳。

九年十一月二十九日　启超记

一

今之恒言，曰"时代思潮"。此其语最妙于形容。凡文化发展之国，其国民于一时期中，因环境之变迁，与夫心理之感召，不期而思想之进路，同趋于一方向，于是相与呼应汹涌，如潮然。始焉其势甚微，几莫之觉；寖假而涨——涨——涨，而达于满度；过时焉则落，以渐至于衰熄。凡"思"非皆能成"潮"；能成"潮"者，则其"思"必有相当之价值，而又适合于其时代之要求者也。凡"时代"非皆有"思潮"；有思潮之时代，必文化昂进之时代也。其在我国，自秦以后，确能成为时代思潮者，则汉之经学，隋唐之佛学，宋及明之理学，清之考证学，四者而已。

凡时代思潮，无不由"继续的群众运动"而成。所谓运动者，非必有意识、有计划、有组织，不能分为谁主动、谁被动。其参加运动之人员，每各不相谋，各不相知。其从事运动时所任之职役，各各不同。所采之手段亦互异。于同一运动之下，往往分无数小支派，甚且相嫉视相排击。虽然，其中必有一种或数种之共通观念焉，同根据之为思想之出发点。此种观念之势力，初时本甚微弱，愈运动则愈扩大，久之则成为一种权威。此观念者，在其时代中，俨然现"宗教之色彩"。一部分人，以宣传捍卫为己任，常以极纯洁之牺牲的精神赴之。及其权威渐立，则在社会上成为一种共公之好尚，忘其所以然，而共以此为嗜，若此者，今之译语，谓之"流行"；古之成语，则曰"风气"。风气者，一时的信仰也，人鲜敢婴之，亦不乐婴之，其性质几比宗教矣。一思潮播为风气，则其成熟之时也。

佛说一切流转相，例分四期，曰：生、住、异、灭。思潮之流转也正然，例分四期：一、启蒙期（生），二、全盛期（住），三、蜕分期（异），四、衰落期（灭）。无论何国何时代之思潮，其发展变迁，多循斯轨。

启蒙期者，对于旧思潮初起反动之期也。旧思潮经全盛之后，如果之极熟而致烂，如血之凝固而成瘀，则反动不得不起。反动者，凡以求建设新思潮也。然建设必先之以破坏，故此期之重要人物，其精力皆用于破坏，而建设盖有所未遑。所谓未遑者，非阁置之谓。其建设之主要精神，在此期间必已孕育，如史家所谓"开国规模"者然。虽然，其条理未确立，其研究方法正在间错试验中，弃取未定，故此期之著作，恒驳而不纯，但在淆乱粗糙之中，自有一种元气淋漓之象。此启蒙期之特色也，当佛说所谓"生"相。

于是进为全盛期。破坏事业已告终。旧思潮屏息慑伏，不复能抗颜行，更无须攻击防卫以糜精力。而经前期酝酿培灌之结果，思想内容，日以充实；研究方法，亦日以精密。门户堂奥，次第建树，继长增高，"宗庙之美，百官之富"，粲然矣。一世才智之士，以此为好尚，相与淬厉精进；阘冗者犹希声附和，以不获厕于其林为耻。此全盛期之特色也，当佛说所谓"住"相。

更进则入于蜕分期。境界国土，为前期人士开辟殆尽，然学者之聪明才力，终不能无所用也，只得取局部问题，为"窄而深"的研究，或取其研究方法，应用之于别方面，于是派中小派出焉。而其时之环境，必有以异乎前；晚出之派，进取气较盛，易与环境顺应，故往往以附庸蔚为大国，则新衍之别派与旧传之正统派成对峙之形势，或且骎骎乎夺其席。此蜕分期之特色也，当佛说所谓"异"相。

过此以往，则衰落期至焉。凡一学派当全盛之后，社会中希附末光者日众，陈陈相因，固已可厌。其时此派中精要之义，则先辈已浚发无余，承其流者，不过捃摭末节以弄诡辩。且支派分裂，排轧随之，益自暴露其缺点。环境既已变易，社会需要，别转一方向，而犹欲以全盛期之权威临之，则稍有志者必不乐受，而豪杰之士，欲创新必先推旧，遂以彼为破坏之目标。于是入于第二思潮之启蒙期，而此思潮遂告终焉。此衰落期无可逃避之运命，当佛说所谓"灭"相。

吾观中外古今之所谓"思潮"者，皆循此历程以递相流转，而有清三百年，则其最切著之例证也。

二

"清代思潮"果何物耶？简单言之：则对于宋明理学之一大反动，而以"复古"为其职志者也。其动机及其内容，皆与欧洲之"文艺复兴"绝相类。而欧洲当"文艺复兴期"经过以后所发生之新影响，则我国今日正见端焉。其盛衰之迹，恰如前节所论之四期。

其启蒙运动之代表人物，则顾炎武、胡渭、阎若璩也。其时正值晚明王学极盛而敝之后，学者习于"束书不观，游谈无根"，理学家不复能系社会之信仰。炎武等乃起而矫之，大倡"舍经学无理学"之说，教学者脱宋明儒羁勒，直接反求之于古经。而若璩辨伪经，唤起"求真"观念；渭攻"河洛"，扫架空说之根据；于是清学之规模立焉。同时对于明学之反动，尚有数种方向。其一，颜元、李塨一派，谓"学问固不当求诸瞑想，亦不当求诸书册，惟当于日常行事中求之"。而刘献廷以孤往之姿，其得力处亦略近于此派。其二，黄宗羲、万斯同一派，以史学为根据，而推之于当世之务。顾炎武所学，本亦具此精神。而黄、万辈规模之大不逮顾，故专向此一方面发展。同时顾祖禹之学，亦大略同一径路。其后则衍为全祖望、章学诚等，于清学为别派。其三，王锡阐、梅文鼎一派，专治天算，开自然科学之端绪焉。此诸派者，其研究学问之方法，皆与明儒根本差异。除颜、李一派中绝外，其余皆有传于后。而顾、阎、胡尤为正统派不祧之大宗。其犹为旧学（理学）坚守残垒、效死勿去者，则有孙奇逢、李中孚、陆世仪等，而其学风已由明而渐返于宋。即诸新学家，其思想中，留宋人之痕迹犹不少。故此期之复古，可谓由明以复于宋，且渐复于汉、唐。

其全盛运动之代表人物，则惠栋、戴震、段玉裁、王念孙、王引之也，吾名之曰正统派。试举启蒙派与正统派相异之点：一、启蒙派对于宋学，一部分猛烈攻击，而仍因袭其一部分；正统派则自固壁垒，将宋学置之不议不论之列。二、启蒙派抱通经致用之观念，故喜言成败得失经世之务；正统派则为考证而考证，为经学而治经学。正统派之中坚，在皖与吴。开吴者惠，开皖者戴。惠栋受学于其父士奇，其弟子有江声、余萧客，而王鸣盛、钱大昕、汪中、刘台拱、江藩等皆汲其流。戴震受学于江永，亦事栋以先辈礼。震之在乡里，衍其学者，有金榜、程瑶田、凌廷堪、三胡——匡衷、培翚、春乔等。其教于京师，弟子之显者，有任大椿、卢文弨、孔广森、段玉裁、王念孙。念孙以授其子引之。玉裁、念孙、引之最能光大震学，世称戴、段、二王焉。其实清儒最恶立门户，不喜以师弟相标榜。凡诸大师皆交相师友，更无派别可言也。惠、戴齐名，而惠尊闻好博，戴深刻断制。惠仅“述者”，而戴则“作者”也。受其学者，成就之大小亦因以异，故正统派之盟主必推戴。当时学者承流向风各有建树者，不可数计，而纪昀、王昶、毕沅、阮元辈，皆处贵要，倾心宗尚，隐若护法，于是兹派称全盛焉。其治学根本方法，在“实事求是”“无征不信”。其研究范围，以经学为中心，而衍及小学、音韵、史学、天算、水地、典章制度、金石、校勘、辑逸等等；而引证取材，多极于两汉，故亦有“汉学”之目。当斯时也，学风殆统于一。启蒙期之宋学残绪，亦莫能续，仅有所谓古文家者，假“因文见道”之名，欲承其祧，时与汉学为难，然志力两薄，不足以张其军。

其蜕分期运动之代表人物，则康有为、梁启超也。当正统派全盛时，学者以专经为尚，于是有庄存与，始治《春秋公羊传》有心得，而刘逢禄、龚自珍最能传其学。《公羊传》者，"今文学"也。东汉时，本有今文古文之争，甚烈。《诗》之"毛传"，《春秋》之《左传》，及《周官》，皆晚出，称古文，学者不信之。至汉末而古文学乃盛。自阎若璩攻《伪古文尚书》得胜，渐开学者疑经之风。于是刘逢禄大疑《春秋左氏传》，魏源大疑《诗毛氏传》。若《周官》，则宋以来固多疑之矣。康有为乃综集诸家说，严画今古文分野，谓凡东汉晚出之古文经传，皆刘歆所伪造。正统派所最尊崇之许、郑，皆在所排击。则所谓复古者，由东汉以复于西汉。有为又宗公羊，立"孔子改制"说，谓六经皆孔子所作，尧舜皆孔子依托，而先秦诸子，亦罔不"托古改制"。实极大胆之论，对于数千年经籍谋一突飞的大解放，以开自由研究之门。其弟子最著者，陈千秋、梁启超。千秋早卒，启超以教授著述，大弘其学。然启超与正统派因缘较深，时时不慊于其师之武断，故末流多有异同。有为、启超皆抱启蒙期"致用"的观念，借经术以文饰其政论，颇失"为经学而治经学"之本意，故其业不昌，而转成为欧西思想输入之导引。

清学之蜕分期，同时即其衰落期也。顾、阎、胡、惠、戴、段、二王诸先辈，非特学识渊粹卓绝，即行谊亦至狷洁。及其学既盛，举国希声附和，浮华之士亦竞趋焉，固已渐为社会所厌。且兹学荦荦诸大端，为前人发挥略尽，后起者率因袭补苴，无复创作精神；即有发明，亦皆末节，汉人所谓"碎义逃难"也。而其人犹自倨贵，俨成一种"学阀"之观。今古文之争起，互相诋諆，缺点益暴露。海通以还，外学输入，学子憬然于竺旧之非计，相率吐弃之，其命运自不能以复久延。然在此期中，犹有一二大师焉，为正统派死守最后之壁垒，曰俞樾，曰孙诒让，皆得流于高邮王氏。樾著书，惟二三种独精绝，余乃类无行之袁枚，亦衰落期之一征也。诒让则有醇无疵，得此后殿，清学有光矣。槛弟子有章炳麟，智过其师，然亦以好谈政治，稍荒厥业。而绩溪诸胡之后有胡适者，亦用清儒方法治学，有正统派遗风。

综观二百余年之学史，其影响及于全思想界者，一言蔽之，曰"以复古为解放"。第一步，复宋之古，对于王学而得解放。第二步，复汉唐之古，对于程朱而得解放。第三步，复西汉之古，对于许郑而得解放。第四步，复先秦之古，对于一切传注而得解放。夫既已复先秦之古，则非至对于孔孟而得解放焉不止矣。然其所以能著著奏解放之效者，则科学的研究精神实启之。今清学固衰落矣，"四时之运，成功者退"，其衰落乃势之必然，亦事之有益者也。无所容其痛惜留恋，惟能将此研究精神转用于他方向，则清学亡而不亡也矣。

略论既竟，今当分说各期。

三

　　吾言"清学之出发点，在对于宋明理学一大反动"，夫宋明理学何为而招反动耶？学派上之"主智"与"主意"，"唯物"与"唯心"，"实验"与"冥证"，每迭为循环。大抵甲派至全盛时必有流弊，有流弊斯有反动，而乙派与之代兴。乙派之由盛而弊，而反动亦然。然每经一度之反动再兴，则其派之内容，必革新焉而有以异乎其前。人类德慧智术之所以进化，胥恃此也。此在欧洲三千年学术史中，其大势最著明。我国亦不能违此公例，而明清之交，则其嬗代之迹之尤易见者也。

　　唐代佛学极昌之后，宋儒采之，以建设一种"儒表佛里"的新哲学，至明而全盛。此派新哲学，在历史上有极大之价值，自无待言。顾吾辈所最慊者，其一，既采取佛说而损益之，何可讳其所自出，而反加以丑诋；其二，所创新派既并非孔孟本来面目，何必附其名而淆其实？是故吾于宋明之学，认其独到且有益之处确不少，但对于其建设表示之形式，不能曲恕，谓其既诬孔，且诬佛，而并以自诬也。明王守仁为兹派晚出之杰，而其中此习气也亦更甚，即如彼所作《朱子晚年定论》，强指不同之朱陆为同，实则自附于朱，且诬朱从我。此种习气，为思想界之障碍者有二。一曰遏抑创造，一学派既为我所自创，何必依附古人以为重？必依附古人，岂非谓生古人后者，便不应有所创造耶？二曰奖励虚伪，古人之说诚如是，则宗述之可也；并非如是，而以我之所指者实之，此无异指鹿为马，淆乱真相，于学问为不忠实。宋明学之根本缺点在于是。

进而考其思想之本质，则所研究之对象，乃纯在绍绍灵灵不可捉摸之一物。少数俊拔笃挚之士，曷尝不循此道而求得身心安宅？然效之及于世者已鲜，而浮伪之辈，摭拾虚辞以相夸煽，乃甚易易。故晚明"狂禅"一派，至于"满街皆是圣人"，"酒色财气不碍菩提路"，道德且堕落极矣。重以制科帖括，笼罩天下，学者但习此种影响因袭之谈，便足以取富贵，弋名誉，举国靡然化之，则相率于不学，且无所用心。故晚明理学之弊，恰如欧洲中世纪黑暗时代之景教。其极也，能使人之心思耳目皆闭塞不用，独立创造之精神，消蚀达于零度。夫人类之有"学问欲"，其天性也。"学问饥饿"至于此极，则反动其安得不起？

四

　　当此反动期而从事于"黎明运动"者，则昆山顾炎武其第一人也。炎武对于晚明学风，首施猛烈之攻击，而归罪于王守仁。其言曰：

　　　"今之君子，聚宾客门人数十百人，与之言心言性。舍'多学而识'以求'一贯'之方，置'四海困穷'不言而讲'危微精一'，我弗敢知也。"（《亭林文集·答友人论学书》）

又曰：

　　　"今之学者，偶有所窥，则欲尽废先儒之说而驾其上；不学则借'一贯'之言以文其陋，无行则逃之'性命'之乡以使人不可诘。"（《日知录》十八）

又曰：

　　　"以一人而易天下，其流风至于百有余年之久者，古有之矣，王夷甫之清谈，王介甫之新说，其在于今，则王伯安之良知是也。孟子曰：'天下之生久矣，一治一乱。'拨乱世反诸正，岂不在后贤乎！"（同上）

凡一新学派初立，对于旧学派，非持绝对严正的攻击态度，不足以摧故锋而张新军，炎武之排斥晚明学风，其锋芒峻露，大率类是。自兹以后，王学遂衰熄，清代犹有袭理学以为名高者，则皆自托于程朱之徒也。虽曰王学末流极敝，使人心厌倦，本有不摧自破之势，然大声疾呼以促思潮之转捩，则炎武最有力焉。

炎武未尝直攻程朱，根本不承认理学之能独立。其言曰：

"古今安得别有所谓理学者？经学即理学也。自有舍经学以言理学者，而邪说以起。"（全祖望《亭林先生神道表》引）

"经学即理学"一语，则炎武所创学派之新旗帜也。其正当与否，且勿深论。——以吾侪今日眼光观之，此语有两病。其一，以经学代理学，是推翻一偶像而别供一偶像。其二，理学即哲学也，实应离经学而为一独立学科。——虽然，有清一代学术，确在此旗帜之下而获一新生命。昔有非笑六朝经师者，谓"宁说周、孔误，不言郑、服非"。宋、元、明以来谈理学者亦然，宁得罪孔、孟，不敢议周、程、张、邵、朱、陆、王。有议之者，几如在专制君主治下犯"大不敬"律也。而所谓理学家者，盖俨然成一最尊贵之学阀而奴视群学。自炎武此说出，而此学阀之神圣，忽为革命军所粉碎，此实四五百年来思想界之一大解放也。

凡启蒙时代之大学者，其造诣不必极精深，但常规定研究之范围，创革研究之方法，而以新锐之精神贯注之。顾炎武之在"清学派"，即其人也。炎武著述，其有统系的组织而手定成书者，惟《音学五书》耳。其《天下郡国利病书》《肇域志》，造端宏大，仅有长编，未为定稿。《日知录》为生平精力所集注，则又笔记备忘之类耳。自余遗书尚十数种，皆明单义，并非巨裁。然则炎武所以能当一代开派宗师之名者何在？则在其能建设研究之方法而已。约举有三。

一曰贵创。炎武之言曰："有明一代之人，其所著书，无非窃盗而已。"（《日知录》十八）其论著书之难，曰："必古人所未及就，后世之所不可无，而后为之。"（《日知录》十九）其《日知录》自序云："愚自少读书，有所得辄记之。其有不合，时复改定。或古人先我而有者，则遂削之。"故凡炎武所著书，可决其无一语蹈袭古人。其论文也亦然，曰："近代文章之病，全在摹仿，即使逼肖古人，已非极诣。"（《日知录》十九）又曰："君诗之病在于有杜，君文之病在于有韩欧。有此蹊径于胸中，便终身不脱'依傍'二字。"（《亭林文集·与人书十七》）观此知摹仿依傍，炎武所最恶也。

二曰博证。《四库全书》"《日知录》提要"云："炎武学有本原，博赡而能贯通。每一事必详其始末，参以证佐，而后笔之于书，故引据浩繁，而牴牾者少。"此语最能传炎武治学法门。全祖望云："凡先生之游，载书自随。所至阨塞，即呼老兵退卒询其曲折，或与平日所闻不合，即发书而对勘之。"（《鲒埼亭集·亭林先生神道表》）盖炎武研学之要诀在是。论一事必举证，尤不以孤证自足，必取之甚博，证备然后自表其所信。其自述治音韵之学也，曰："……列本证、旁证二条。本证者，诗自相证也。旁证者，采之他书也。二者俱无，则宛转以审其音，参伍以谐其韵……"（《音论》）此所用者，皆近世科学的研究法。乾嘉以还，学者固所共习，在当时则固炎武所自创也。

三曰致用。炎武之言曰："孔子删述六经，即伊尹、太公救民水火之心，故曰：'载诸空言，不如见诸行事。'……愚不揣，有见于此，凡文之不关于六经之旨、当时之务者，一切不为。"（《亭林文集·与人书二》）彼诚能践其言。其终身所撰著，盖不越此范围。其所谓"用"者，果真为有用与否，此属别问题。要之，其标"实用主义"以为鹄，务使学问与社会之关系增加密度，此实对于晚明之帖括派、清谈派施一大针砭。清代儒者以朴学自命以示别于文人，实炎武启之。最近数十年以经术而影响于政体，亦远绍炎武之精神也。

五

　　汪中尝拟为《国朝六儒颂》，其人则昆山顾炎武、德清胡渭、宣城梅文鼎、太原阎若璩、元和惠栋、休宁戴震也。其言曰：

> "古学之兴也，顾氏始开其端。河洛矫诬，至胡氏而绌。中西推步，至梅氏而精。力攻古文者，阎氏也。专言汉儒《易》者，惠氏也。凡此皆千余年不传之绝学，及戴氏出而集其成焉。"
>
> （凌廷堪《校礼堂集·汪容甫墓志铭》）

　　其所推挹盖甚当，六君者洵清儒之魁也。然语于思想界影响之巨，则吾于顾、戴之外，独推阎、胡。

　　阎若璩之所以伟大，在其《尚书古文疏证》也。胡渭之所以伟大，在其《易图明辨》也。汪中则既言之矣。夫此两书所研究者，皆不过局部问题，曷为能影响于思想界之全部？且其书又不免漏略芜杂，为后人所纠者不少。——阮元辑《学海堂经解》，两书皆摈不录。——曷为推尊之如是其至？吾固有说。

　　《尚书古文疏证》，专辨东晋晚出之《古文尚书》十六篇及同时出现之孔安国《尚书传》皆为伪书也。此书之伪，自宋朱熹、元吴澄以来，既有疑之者；顾虽积疑，然有所惮而莫敢断；自若璩此书出而谳乃定。夫辨十数篇之伪书，则何关轻重？殊不知此

016

伪书者，千余年来，举国学子人人习之，七八岁便都上口，心目中恒视为神圣不可侵犯；历代帝王，经筵日讲，临轩发策，咸所依据尊尚。毅然悍然辞而辟之，非天下之大勇，固不能矣。自汉武帝表章六艺、罢黜百家以来，国人之对于六经，只许征引，只许解释，不许批评研究。韩愈所谓"曾经圣人手，议论安敢到？"若对于经文之一字一句稍涉拟议，便自觉陷于"非圣无法"，蹩然不自安于其良心，非特畏法网、惮清议而已。凡事物之含有宗教性者，例不许作为学问上研究之问题。一作为问题，其神圣之地位固已摇动矣！今不惟成为问题而已，而研究之结果，乃知畴昔所共奉为神圣者，其中一部分实粪土也，则人心之受刺激起惊愕而生变化，宜何如者？盖自兹以往，而一切经文，皆可以成为研究之问题矣。再进一步，而一切经义，皆可以成为研究之问题矣。以旧学家眼光观之，直可指为人心世道之忧。——当时毛奇龄著《古文尚书冤词》以难阎，自比于抑洪水驱猛兽。光绪间有洪良品者，犹著书数十万言，欲翻阎案，意亦同此。——以吾侪今日之眼光观之，则诚思想界之一大解放。后此今古文经对待研究，成为问题；六经诸子对待研究，成为问题；中国经典与外国宗教哲学诸书对待研究，成为问题；其最初之动机，实发于此。

胡渭之《易图明辨》，大旨辨宋以来所谓《河图》《洛书》者，传自邵雍。雍受诸李之才，之才受诸道士陈抟，非羲、文、周、孔所有，与《易》义无关。此似更属一局部之小问题，吾辈何故认为与阎书有同等之价值耶？须知所谓"无极""太极"，所谓《河图》《洛书》，实组织"宋学"之主要根核。宋儒言理，言气，言数，言命，言心，言性，无不从此衍出。周敦颐自谓"得不传之学于遗经"，程朱辈祖述之，谓为道统所攸寄，于是占领思想界五六百年，其权威几与经典相埒。渭之此书，以《易》还诸羲、文、周、孔，以《图》还诸陈、邵，并不为过情之抨击，而宋学已受"致命伤"。自此，学者乃知宋学自宋学，孔学自孔学，离之双美，合之两伤。（此胡氏自序中语）自此，学者乃知欲求孔子所谓真理，舍宋人所用方法外，尚别有其途。不宁惟是，我国人好以"阴阳五行"说经说理，不自宋始，盖汉以来已然。一切惑世诬民泪灵窒智之邪说邪术，皆缘附而起。胡氏此书，乃将此等异说之来历，和盘托出，使其不复能依附经训以自重，此实思想之一大革命也。

欧洲十九世纪中叶，英人达尔文之《种源论》，法人雷能之《耶稣基督传》，先后两年出版，而全欧思想界为之大摇，基督教所受影响尤剧。夫达尔文自发表其生物学上之见解，于教宗何与？然而被其影响者，教义之立脚点破也。雷能之传，极推挹基督，然反损其信仰者，基督从来不成为学问上之问题，自此遂成为问题也。明乎此间消息，则阎、胡两君之书，在中国学术史上之价值，可以推见矣。

若论清学界最初之革命者，尚有毛奇龄其人。其所著《河图原舛篇》《太极图说遗议》等，皆在胡渭前；后此清儒所治诸学，彼亦多引其绪。但其言古音则诋顾炎武，言《尚书》则诋阎若璩，故汉学家桃之不宗焉。全祖望为《毛西河别传》，谓"其所著书，有造为典故以欺人者，有造为师承以示人有本者，有前人之误已经辨正、尚袭其误而不知者，有信口臆说者，有不考古而妄言者，有前人之言本有出而妄斥为无稽者，有改古书以就己者"。祖望于此诸项，每项举一条为例，更著有《萧山毛氏纠缪》十卷。平心论之，毛氏在启蒙期，不失为一冲锋陷阵之猛将，但于"学者的道德"缺焉，后儒不宗之，宜耳。

同时有姚际恒者，其怀疑精神极炽烈，疑《古文尚书》，疑《周礼》，疑《诗序》，乃至疑《孝经》，疑《易传》十翼。其所著"诸经通论"未之见，但其《古今伪书考》，列举经史子部疑伪之书共数十种，中固多精凿之论也。

六

吾于清初大师，最尊顾、黄、王、颜，皆明学反动所产也。顾为正统派所自出，前既论列，今当继述三子者。

余姚黄宗羲，少受学于刘宗周，纯然明学也。中年以后，方向一变，其言曰："明人讲学，袭语录糟粕，不以六经为根柢，束书而从事于游谈，更滋流弊，故学者必先穷经。然拘执经术，不适于用，欲免迂儒，必兼读史。"（《清史·黄宗羲传》）又曰："读书不多，无以证理之变化。多而不求于心，则为俗学。"（全祖望《鲒埼亭集·黄梨洲先生神道碑》）大抵清代经学之祖推炎武，其史学之祖当推宗羲。所著《明儒学案》，中国之有"学术史"，自此始也。又好治天算，著书八种。全祖望谓"梅文鼎本《周髀》言天文，世惊为不传之秘，而不知宗羲实开之"。其《律吕新义》，开乐律研究之绪。其《易学象数论》，与胡渭《易图明辨》互相发明。其《授书随笔》，则答阎若璩问也。故阎、胡之学，皆受宗羲影响。其他学亦称是。

清初之儒，皆讲"致用"，所谓"经世之务"是也。宗羲以史学为根柢，故言之尤辩。其最有影响于近代思想者，则《明夷待访录》也，其言曰：

> "后之为君者，以天下之利尽归于己，天下之害尽归于人。……使天下之人，不敢自私，不敢自利，以我之大私为天下之公。……视天下为莫大之产业……凡天下之无地而得安宁者，为有君也。……天下之人，怨恶其君，视之为寇仇，名之为独夫，固其所也。而小儒规规焉以君臣之义无所逃于天地之间，至桀纣之暴犹谓不当诛。……欲以如父如天之空名，禁人窥伺。"
> (《原君》)

又曰：

> "后之人主，既得天下，唯恐其子孙之不能保有也，思患于未然而为之法。然则其所谓法者，一家之法，而非天下之法也。……夫非法之法，前王不胜其利欲之私以创之，后王或不胜其利欲之私以坏之，坏之者固足以害天下，其创之者亦未始非害天下也。……论者谓有治人无治法，吾谓有治法而后有治人。"
> (《原法》)

此等论调，由今日观之，固甚普通甚肤浅，然在二百六七十年前，则真极大胆之创论也。故顾炎武见之而叹，谓"三代之治可复"。而后此梁启超、谭嗣同辈倡民权共和之说，则将其书节钞，印数万本，秘密散布，于晚清思想之骤变，极有力焉。

清代史学极盛于浙，鄞县万斯同最称首出。斯同则宗羲弟子也。唐以后之史，皆官家设局分修，斯同最非之，谓："官修之史，仓猝成于众人，犹招市人与谋室中之事。"（钱大昕《潜研堂集·万季野先生传》）以独力成《明史稿》，论者谓迁、固以后一人而已。其后斯同同县有全祖望，亦私淑宗羲，言"文献学"者宗焉。会稽有章学诚，著《文史通义》，学识在刘知几、郑樵上。

衡阳王夫之，生于南荒，学无所师承，且国变后遁迹深山，与一时士夫不相接，故当时无称之者。然亦因是戛戛独有所造，其攻王学甚力，尝曰："'侮圣人之言'，小人之大恶也。……姚江之学，横拈圣言之近似者，摘一句一字以为要妙，窜入其禅宗，尤为无忌惮之至。"（《俟解》）又曰："数传之后，愈徇迹而忘其真，或以钩考文句，分支配拟为穷经之能，仅资场屋射覆之用，其偏者以臆测度，趋入荒杳。"（《中庸补传衍》）遗书中此类之论甚多，皆感于明学之极敝而生反动，欲挽明以返诸宋，而于张载之《正蒙》，特推尚焉。其治学方法，已渐开科学研究的精神，尝曰：

> "天下之物理无穷，已精而又有其精者，随时以变，而皆不失于正。但信诸己而即执之，云何得当？况其所为信诸己者，又或因习气，或守一先生之言，而渐渍以为己心乎！"（《俟解》）

夫之著书极多，同治间金陵刻本二百八十八卷，犹未逮其半。皆不落"习气"，不"守一先生之言"。其《读通鉴论》《宋论》，往往有新解，为近代学子所喜诵习。尤能为深沈之思以撑绎名理，其《张子正蒙注》《老子衍》《庄子解》，皆覃精之作，盖欲自创一派哲学而未成也。其言"天理即在人欲之中，无人欲则天理亦无从发现"（《正蒙注》），可谓发宋元以来所未发。后此戴震学说，实由兹衍出。故刘献廷极推服之，谓："天地元气，圣贤学脉，仅此一线。"（《广阳杂记》二）其乡后学谭嗣同之思想，受其影响最多，尝曰："五百年来学者，真通天人之故者，船山一人而已。"（《仁学》卷上）尤可注意者，《遗书》目录中，有《相宗络索》及《三藏法师八识规矩论赞》二书（未刻）。在彼时以儒者而知治"唯识宗"，可不谓豪杰之士耶？

七

顾、黄、王、颜，同一"王学"之反动也，而其反动所趋之方向各不同。黄氏始终不非王学，但是正其末流之空疏而已。顾、王两氏黜明存宋，而顾尊考证，王好名理。若颜氏者，则明目张胆以排程、朱、陆、王，而亦菲薄传注考证之学，故所谓"宋学""汉学"者，两皆吐弃，在诸儒中尤为挺拔，而其学卒不显于清世。

博野颜元，生于穷乡，育于异姓，饱更忧患，坚苦卓绝。其学有类罗马之"斯多噶派"。其对于旧思想之解放，最为彻底，尝曰：

> "立言但论是非，不论异同。是，则一二人之见不可易也。非，则虽千万人所同，不随声也；岂惟千万人，虽百千年同迷之局，我辈亦当以先觉觉后觉，竟不必附和雷同也。"（钟錂《颜习斋言行录·学问篇》）

其尊重自己良心，确乎不可拔也如此。其对于宋学，为绝无闪缩之正面攻击，其言曰：

> "予昔尚有将就程朱，附之圣门支派之意。自一南游，见人

人禅子，家家虚文，直与孔门对敌，必破一分程朱，始入一分孔孟，乃定以为孔孟与程朱判然两途，不愿作道统中乡愿矣。"（李塨《颜习斋先生年谱》卷下）

然则元之学之所以异于宋儒者何在耶？其最要之旨曰："习行于身者多，劳枯于心者少。"（《年谱》卷下）彼引申其义曰："人之岁月精神有限，诵说中度一日，便习行中错一日，纸墨上多一分，便身世上少一分。"（《存学编·论讲学》）又曰："宋儒如得一路程本，观一处又观一处，自喜为通天下路程，人亦以晓路称之，其实一步未行，一处未到。"（《年谱》卷下）又曰："诸儒之论，在身乎？在世乎？徒纸笔耳。则言之悖于孔孟者坠也，言之不悖于孔孟者亦坠也。"（《习斋纪余·未坠集序》）又曰："譬之于医，有妄人者，止务览医书千百卷，熟读详说，以为予国手矣，视诊脉制药针灸为粗不足学。书日博，识日精，一人倡之，举世效之，岐、黄盈天下，而天下之人病相枕、死相接也。"（《存学编·学辨一》）又曰："为爱静空谈之学久，必至厌事。厌事必至废事，遇事即茫然，故误人才败天下事者宋学也"。（《年谱》卷下）又曰："书本上见，心头上思，可无所不及，而最易自欺欺世。不特无能，其实一无知也。"（《言行录》卷下）其论学宗旨大率类此。

由此观之，元不独不认宋学为学，并不认汉学为学，明矣。元之意，盖谓学问绝不能向书本上或讲堂上求之，惟当于社会日常行事中求之。故其言曰："人之认读者为学者，固非孔子之学；以读书之学解书，并非孔子之书。"（《言行录》卷下）又曰："后儒将博学改为博读博著。"（《年谱》卷下）其所揭橥以为学者，曰《周礼》大司徒之"乡三物"。——一、六德：知、仁、圣、义、忠、和；二、六行：孝、友、睦、姻、任、恤；三、六艺：礼、乐、射、御、书、数；而其所实行者尤在六艺。故躬耕、习医、学技击、学兵法、习礼、习乐，其教门人必使之各执一艺。"劳作神圣"之义，元之所最信仰也。其言曰："养身莫善于习动，夙兴夜寐，振起精神，寻事去做。"（《言行录》卷上）曰："生存一日当为生民办事一日。"（《年谱》卷下）质而言之，为做事故求学问，做事即是学问，舍做事外别无学问，此元之根本主义也。以实学代虚学，以动学代静学，以活学代死学，与最近教育新思潮最相合。但其所谓实、所谓动、所谓活者，究竟能免于虚静与死否耶？此则时代为之，未可以今日社会情状绳古人矣。

元弟子最著者，曰李塨，曰王源，皆能实践其教。然元道太刻苦，类墨氏，传者卒稀，非久遂中绝。

八

我国科学最昌明者，惟天文算法，至清而尤盛。凡治经学者多兼通之。其开山之祖，则宣城梅文鼎也。杭世骏谓："自明万历中利玛窦入中国，制器作图颇精密……学者张皇过甚，无暇深考中算源流，辄以世传浅术，谓古《九章》尽此，于是薄古法为不足观；而或者株守旧闻，遽斥西人为异学。两家遂成隔阂。鼎集其书而为之说，稍变从我法，若三角比例等，原非中法可该，特为表出；古法方程，亦非西法所有，则专著论以明古人精意。"（杭世骏《道古堂集·梅定九征君传》）文鼎著书八十余种，其精神大率类是，知学问无国界，故无主奴之见。其所创获甚多，自言："吾为此学，皆历最艰苦之后而后得简易。……惟求此理大显，绝学不致无传，则死且不憾。"（同上）盖粹然学者态度也。

清代地理学亦极盛。然乾嘉以后，率偏于考古，且其发明多属于局部的。以云体大思精，至今盖尚无出无锡顾祖禹《读史方舆纪要》上者。魏禧评之曰："《职方》《广舆》诸书，袭讹踵谬，名实乖错，悉据正史考订折衷之。此数千百年所绝无仅有之书也。……贯穿诸史，出以己所独见，其深思远识，在语言文字之外。"（魏禧《叔子集·读史方舆纪要叙》）祖禹为此书，年二十九始属稿，五十乃成，无一日中辍，自言："舟车所经，必览城郭，按山川，稽里道，问关津；以及商旅之子、征戍之夫，或与从容谈论，考核异同。"（《读史方舆纪要》自叙）盖纯然现代科学精神也。

清初有一大学者而其学无传于后者，曰大兴刘献廷。王源表其墓曰："脱身遍历九州，览其山川形势，访遗佚，交其豪杰，观其土俗，博采轶事，以益广其闻见，而质证其所学。……讨论天地阴阳之变、霸王大略、兵法、文章、典制、方域要害……于礼乐、象纬、医药、书数、法律、农桑、火攻器制，旁通博考，浩浩无涯矣。"（王源《居业堂集·刘处士墓表》）而全祖望述其遗著有《新韵谱》者，最为精奇。全氏曰：

"继庄（献廷字）自谓于声音之道，别有所窥，足穷造化之奥，百世而不惑。尝作《新韵谱》，其悟自《华严》字母入，而参以天竺陀罗尼、泰西腊顶话、小西天梵书，暨天方、蒙古、女直等音，又证之以辽人林益长之说，而益自信。同时吴修龄自谓苍颉以后第一人。继庄则曰，是其于天竺以下书皆未得通，而但略见《华严》之旨者也。继庄之法，先立鼻音二，以为韵本，有开有合，各转阴阳上去入之五音，——阴阳即上下二平，——共十声，而不历喉腭舌齿唇之七位，故有横转无直送，则等韵重叠之失去矣。次定喉音四，为诸韵之宗，而后知腊顶话，女直国书，梵音，尚有未精者；以四者为正喉音，而从此得半音、转音、伏音、送音、变喉音。又以二鼻音分配之，一为东北韵宗，一为西南韵宗。八韵立而四海之音可齐。于是以喉音互相合，凡得音十七；喉音与鼻音互相合，凡得音十；又以有余不尽者三合之，凡得音五；共计三十音为韵父。而韵历二十二位为韵母，横转各有五子，而万有不齐之声摄于此矣"。"又欲谱四方土音，以穷宇宙元音之变，乃取《新韵谱》为主，而以四方土音填之，逢人便可印正。"（全祖望《鲒埼亭集·刘继庄传》）

盖自唐释守温始谋为中国创立新字母，直至民国七年教育部颁行注音字母，垂阅千年，而斯业乃成。而中间最能覃思而具其条理者，则献廷也。使其书而传于后，则此问题或早已解决，而近三十年来学者，或可省许多研究之精力。然犹幸而有全氏传其厓略，以资近代学者之取材。今注音字母，采其成法不少，则固受赐多矣。全氏又述献廷关于地理、关于史学、关于宗法之意见，而总论之曰："凡继庄所撰著，其运量皆非一人一时所能成，故虽言之甚殷，而难于毕业。"斯实然也。然学问之道，固未有成之于一人一时者，在后人能否善袭遗产以光大之而已。彼献廷之《新韵谱》，岂非阅三百年而竟成也哉？献廷尝言曰："人苟不能斡旋气运，利济天下，徒以其知能为一身家之谋，则不能谓之人。"（王源《墓表》引）其学问大本可概见，惜乎当时莫能传其绪也。

献廷书今存者惟一《广阳杂记》，实涉笔漫录之作，殆不足以见献廷。

同时有太原傅山者，以任侠闻于鼎革之交，国变后冯铨、魏象枢尝强荐之，几以身殉，遂易服为道士。有问学者，则告之曰："老夫学庄、列者也，于此间诸仁义事，实羞道之。"（全祖望《鲒埼亭集·傅青主事略》）然史家谓"其学大河以北莫能及者"。（吴翔凤《人史》）

九

综上所述，可知启蒙期之思想界，极复杂而极绚烂。其所以致此之原因有四：

第一，承明学极空疏之后，人心厌倦，相率返于沈实。

第二，经大乱后，社会比较的安宁，故人得有余裕以自厉于学。

第三，异族入主中夏，有志节者耻立乎其朝，故刊落声华，专集精力以治朴学。

第四，旧学派权威既坠，新学派系统未成，无"定于一尊"之弊，故自由之研究精神特盛。

其研究精神，因环境之冲动，所趋之方向亦有四：

第一，因矫晚明不学之弊，乃读古书，愈读而愈觉求真解之不易，则先求诸训诂名物典章制度等等，于是考证一派出。

第二，当时诸大师，皆遗老也。其于宗社之变，类含隐痛，志图匡复，故好研究古今史迹成败，地理阨塞，以及其他经世之务。

第三，自明之末叶，利玛窦等输入当时所谓西学者于中国，而学问研究方法上，生一种外来的变化。其初惟治天算者宗之，后则渐应用于他学。

第四，学风既由空返实，于是有从书上求实者，有从事上求实者。南人明敏多条理，故向著作方面发展。北人朴悫坚卓，故向力行方面发展。

此启蒙期思想发展途径之大概也。

然则第二期之全盛时代，独所谓正统派者（考证学）充量发达，余派则不盛，或全然中绝。其故何耶？以吾所思，原因亦有四：

一、颜、李之力行派，陈义甚高，然未免如庄子评墨子所云："其道大觳"，恐"天下不堪"（《天下篇》）。此等苦行，惟有宗教的信仰者能践之，然已不能责望之于人。颜元之教，既绝无"来生的""他界的"观念，在此现实界而惟恃极单纯极严冷的道德义务观念，教人牺牲一切享乐，本不能成为天下之达道。元之学所以一时尚能光大者，因其弟子直接受彼之人格的感化。一再传后，感化力递减，其渐归衰灭，乃自然之理。况其所谓实用之"艺"，因社会变迁，非皆能周于用，而彼所最重者在"礼"。所谓"礼"者，二千年前一种形式，万非今日所能一一实践。既不能，则实者乃反为虚矣。此与当时求实之思潮，亦不相吻合，其不能成为风气也固宜。

二、吾尝言当时"经世学派"之昌，由于诸大师之志存匡复。诸大师始终不为清廷所用，固已大受猜忌。其后文字狱频兴，学者渐惴惴不自保，凡学术之触时讳者，不敢相讲习。然英拔之士，其聪明才力，终不能无所用也。诠释故训，究索名物，真所谓"于世无患、与人无争"，学者可以自藏焉。又所谓经世之务者，固当与时消息，过时焉则不适用。治此学者既未能立见推行，则藏诸名山，终不免成为一种空论。等是空论，则浮薄之士，何尝不可剿说以自附？附者众则乱真而见厌矣。故乾嘉以降，此派衰熄，即治史学地理学者，亦全趋于考证方面，无复以议论行之矣。

三、凡欲一种学术之发达，其第一要件，在先有精良之研究法。清代考证学，顾、阎、胡、惠、戴诸师，实辟出一新途径，俾人人共循。贤者识大，不贤识小，皆可勉焉。中国积数千年文明，其古籍实有研究之大价值，如金之蕴于矿者至丰也。而又非研究之后，加以整理，则不能享其用，如在矿之金，非开采磨治焉不得也。故研究法一开，学者既感其有味，又感其必要，遂靡然向风焉。愈析而愈密，愈浚而愈深，盖此学派在当时饶有开拓之余地，凡加入派中者，苟能忠实从事，不拘大小，而总可以有所成，所以能拔异于诸派而独光大也。

四、清学之研究法，既近于"科学的"，则其趋向似宜向科学方面发展。今专用之于考古，除算学天文外，一切自然科学皆不发达，何也？凡一学术之兴，一面须有相当之历史，一面又乘特殊之机运。我国数千年学术，皆集中社会方面，于自然界方面素不措意，此无庸为讳也。而当时又无特别动机，使学者精力转一方向。且当考证新学派初兴，可开拓之殖民地太多，才智之士正趋焉，自不能分力于他途。天算者，经史中所固有也，故能以附庸之资格连带发达，而他无闻焉。其实欧洲之科学，亦直至近代而始昌明，在彼之"文艺复兴"时，其学风亦偏于考古。盖学术进化必经之级，应如是矣。

右述启蒙期竟，次及全盛期。

十

　　启蒙期之考证学，不过居一部分势力。全盛期则占领全学界。故治全盛期学史者，考证学以外，殆不必置论。启蒙期之考证学，不过粗引端绪，其研究法之漏略者，不一而足。——例如阎若璩之《尚书古文疏证》，中多阑入日记信札之类，体例极芜杂。胡渭之《禹贡锥指》，多经济谈，且汉宋杂糅，家法不严。——苟无全盛期诸贤，则考证学能否成一宗派，盖未可知。夫无考证学则是无清学也，故言清学必以此时期为中坚。

　　在此期中，此学派已成为"群众化"，派中有力人物甚多，皆互相师友。其学业亦极"单调的"，无甚派别之可特纪。故吾欲专叙一二人，以代表其余。当时巨子，共推惠栋、戴震，而戴学之精深，实过于惠。今略述二人之著述言论及其传授之绪，资比较焉。

　　元和惠栋，世传经学。祖父周惕，父士奇，咸有著述，称儒宗焉。栋受家学，益弘其业。所著有《九经古义》《易汉学》《周易述》《明堂大道录》《古文尚书考》《后汉书补注》诸书。其弟子则沈彤、江声、余萧客最著。萧客弟子江藩，著《汉学师承记》，推栋为斯学正统。实则栋未能完全代表一代之学术，不过门户壁垒，由彼而立耳。惠氏之学，以博闻强记为入门，以尊古守家法为究竟。士奇于九经、四史、《国语》《国策》《楚辞》之文，皆能暗诵，尝对座客诵《史记·封禅书》终篇，不失一字（钱大昕《潜研堂集·惠天牧先生传》）。栋受其教，记诵益赅洽。士奇之言曰：

> "康成三《礼》，何休《公羊》，多引汉法，以其去古未远。……贾公彦于郑注……之类皆不能疏。……夫汉远于周，而唐又远于汉，宜其说之不能尽通也，况宋以后乎！"（《礼说》）

此可见惠氏家学，专以"古今"为"是非"之标准。栋之学，其根本精神即在是。其言曰：

> "汉人通经有家法，故有五经师。训诂之学，皆师所口授，其后乃著竹帛。所以汉经师之说，立于学官，与经并行。……古字古言，非经师不能辨。……是故古训不可改也，经师不可废也。……余家四世传经，成通古义。……因述家学作《九经古义》一书。……"（《九经古义·首述》）

惠派治学方法，吾得以八字蔽之，曰："凡古必真，凡汉皆好。"其言"汉经师说与经并行"，意盖欲尊之使侪于经矣。王引之尝曰："惠定宇先生考古虽勤，而识不高，心不细，见异于今者则从之，大都不论是非。"（《焦氏丛书》卷首王伯申手札）可谓知言。栋以善《易》名，其治《易》也，于郑玄之所谓"爻辰"，虞翻之所谓"纳甲"，荀谞之所谓"升降"，京房之所谓"世应""飞伏"，与夫"六日七分""世轨"诸说，一一为之疏通证明。汪中所谓"千余年不传之绝学"者也。以吾观之，此其矫诬，与陈抟之"河图洛书"有何差别？然彼则因其宋人所诵习也而排之，此则因其为汉人所倡道也而信之，可谓大惑不解。然而当时之人蔽焉，辄以此相尚。江藩者，惠派嫡传之法嗣也，其所著《国朝汉学师承记》，末附有《国朝经师经义目录》一篇，其言曰：

"黄宗羲之《易学象数论》，虽辟陈抟、康节之学，而以纳甲动爻为伪象，又称王辅嗣注简当无浮义。黄宗炎之《图书辨惑》，力辟宋人，然不专宗汉学，非笃信之士。……胡朏明（渭）《洪范正论》，虽力攻图书之谬，而辟汉学五行灾异之说，是不知夏侯始昌之《洪范五行传》亦出伏生也。是以黜之。"

此种论调，最足以代表惠派宗旨。盖谓凡学说出于汉儒者，皆当遵守，其有敢指斥者，则目为信道不笃也。其后阮元辑《学海堂经解》，即以此为标准，故顾、黄、阎、胡诸名著，多见摈焉，谓其不醇也。平心论之，此派在清代学术界，功罪参半。笃守家法，令所谓"汉学"者壁垒森固，旗帜鲜明，此其功也；胶固、盲从、褊狭、好排斥异己，以致启蒙时代之怀疑的精神、批评的态度，几天阏焉，此其罪也。清代学术，论者多称为"汉学"。其实前此顾、黄、王、颜诸家所治，并非"汉学"；后此戴、段、二王诸家所治，亦并非"汉学"。其"纯粹的汉学"，则惠氏一派，洵足当之矣。夫不问"真不真"，惟问"汉不汉"，以此治学，安能通方？况汉儒经说，派别正繁，其两说绝对不相容者甚多，欲盲从其一，则不得不驳斥其他。栋固以尊汉为标帜者也。其释"箕子明夷"之义，因欲扬孟喜说而抑施雠、梁丘贺说，乃云"谬种流传，肇于西汉"（《周易述》卷五）。致方东树撅之以反唇相稽（《汉学商兑》卷下）。然则所谓"凡汉皆好"之旗帜，亦终见其不贯彻而已。故苟无戴震，则清学能否卓然自树立，盖未可知也。

十一

　　休宁戴震受学江永，其与惠栋亦在师友之间。震十岁就傅，受《大学章句》，至"右经一章"以下，问其塾师曰："此何以知为孔子之言而曾子述之？又何以知为曾子之意而门人记之？"师应之曰："此先儒朱子所注云尔。"又问："朱子何时人？"曰："南宋。"又问："孔子、曾子何时人？"曰："东周。"又问："周去宋几何时？"曰："几二千年。"又问："然则朱子何以知其然？"师无以应（据王昶《述庵文钞·戴东原墓志铭》）。此一段故事，非惟可以说明戴氏学术之出发点，实可以代表清学派时代精神之全部。盖无论何人之言，决不肯漫然置信，必求其所以然之故；常从众人所不注意处觅得间隙，既得间，则层层逼拶，直到尽头处；苟终无足以起其信者，虽圣哲父师之言不信也。此种研究精神，实近世科学所赖以成立。而震以童年具此本能，其能为一代学派完成建设之业固宜。

　　震之言曰：

　　　　"学者当不以人蔽己，不以己自蔽。不为一时之名，亦不期后世之名。有名之见，其蔽二：非掊击前人以自表暴，即依傍昔贤以附骥尾。……私智穿凿者，或非尽掊击以自表暴，积非成是

而无从知，先入为主而惑以终身；或非尽依傍以附骥尾，无鄙陋之心而失与之等。……"（《东原文集·答郑用牧书》）

"不以人蔽己，不以己自蔽"二语，实震一生最得力处。盖学问之难也，粗涉其途，未有不为人蔽者；及其稍深入，力求自脱于人蔽，而己旋自蔽矣。非廓然卓然，鉴空衡平，不失于彼，必失于此。震之破"人蔽"也，曰：

"志存闻道，必空所依傍。汉儒训诂，有师承，有时亦傅会。晋人傅会凿空益多。宋人则恃胸臆以为断，故其袭取者多谬，而不谬者反在其所弃。……宋以来儒者，以己之见硬坐为古圣贤立言之意，而语言文字实未之知。其于天下之事也，以己所谓理强断行之，而事情源委隐曲实未能得，是以大道失而行事乖。……自以为于心无愧，而天下受其咎，其谁之咎？不知者且以实践躬行之儒归焉。"（《东原集·与某书》）

其破"己蔽"也，曰：

"凡仆所以寻求于遗经，惧圣人之绪言暗汶于后世也。然寻求而有获十分之见者，有未至十分之见者。所谓十分之见，必征诸古而靡不条贯，合诸道而不留余议，巨细毕究，本末兼察。若夫依于传闻以拟其是，择于众说以裁其优，出于空言以定其论，据以孤证以信其通，虽溯流可以知源，不目睹渊泉所导，循根可以达杪，不手披枝肄所歧，皆未至十分之见也。以此治经，失'不知为不知'之意，而徒增一惑以滋识者之辨之也。……既深思自得而近之矣，然后知孰为十分之见，孰为未至十分之见。如绳绳木，昔以为直者，其曲于是可见也；如水准地，昔以为平者，其坳于是可见也。夫然后传其信、不传其疑，疑则阙，庶几治经不害。"（《东原集·与姚姬传书》）

读第一段，则知目震所治者为"汉学"，实未当也。震之所期，在"空诸依傍"。晋宋学风，固在所诋斥矣，即汉人亦仅称其有家法，而未尝教人以盲从。钱大昕谓其"实事求是，不主一家"（《潜研堂集·戴震传》）。余廷灿谓其"有一字不准六书，一字解不通贯群经，即无稽者不信，不信必反复参证而后即安。以故胸中所得，皆破出传注重围"（余氏撰《戴东原先生事略》，见《国朝耆献类征》百三十一）。此最能传写其思想解放之精神。读第二段，其所谓十分之见与未至十分之见者，即科学家定理与假说之分也。科学之目的，在求定理，然定理必经过假设之阶级而后成。初得一义，未敢信为真也，其真之程度，或仅一二分而已，然姑假定以为近真焉，而凭藉之以为研究之点，几经试验之结果，寖假而真之程度增至五六分，七八分，卒达于十分，于是认为定理而主张之。其不能至十分者，或仍存为假说以俟后人，或遂自废弃之也。凡科学家之态度，固当如是也。震之此论，实从甘苦阅历得来。所谓昔以为直而今见其曲，昔以为平而今见其坳，实科学研究法一定之历程，而其毅然割舍，"传信不传疑"，又学者社会最主要之道德矣。震又言曰：

> "学有三难：淹博难，识断难，精审难。三者仆诚不足以与于其间，其私自持及为书之大概，端在乎是。前人之博闻强识，如郑渔仲、杨用修诸君子，著书满家，淹博有之，精审未也。……"

戴学所以异于惠学者，惠仅淹博，而戴则识断且精审也。章炳麟曰："戴学分析条理，朁密严瑮，上溯古义，而断以己之律令。"（《检论·清儒篇》）可谓知言。

凌廷堪为震作事略状，而系以论曰："昔河间献王实事求是。夫实事在前，吾所谓是者，人不能强辞而非之也；吾所谓非，人不能强辞而是之也；如六书、九数及典章制度之学是也。虚理在前，吾所谓是者，人既可别持一说以为非；吾所谓非者，人亦可别持一说以为是也；如义理之学是也。"（《校礼堂集》）此其言绝似实证哲学派之口吻，而戴震之精神见焉，清学派之精神见焉。惜乎此精神仅应用于考古，而未能应用于自然科学界，则时代为之也。

震常言："知十而皆非真，不若知一之为真知也。"（段玉裁《经韵楼集·娱亲雅言序》引）故其学虽淹博而不泛滥。其最专精者，曰小学，曰历算，曰水地。小学之书，有《声韵考》四卷，《声类表》十卷，《方言疏证》十三卷，《尔雅文字考》十卷。历算之书，有《原象》一卷，《历问》二卷，《古历考》二卷，《句股割圆记》三卷，《续天文略》三卷，《策算》一卷。水地之书，有《水地记》一卷，《校水经注》四十卷，《直隶河渠书》六十四卷，其他著述不备举。《四库全书》天算类提要全出其手，他部亦多参与焉。而其晚年最得意之作，曰《孟子字义疏证》。

《孟子字义疏证》，盖轶出考证学范围以外，欲建设一"戴氏哲学"矣。震尝言曰：

> "圣人之道，使天下无不达之情，求遂其欲，而天下治。后儒不知情之至于纤微无憾是谓理，而其所谓理者，同于酷吏所谓法。酷吏以法杀人，后儒以理杀人。骎骎乎舍法而论理，死矣，更无可救矣！"（《东原文集·卷八·与某书》）

又曰：

> "程朱以'理'为'如有物焉，得于天而具于心'，启天下后世人人凭在己之意见而执之曰'理'，以祸斯民。更淆以'无欲'之说，于得理益远，于执其意见益坚，而祸斯民益烈。岂理祸斯民哉？不自知为意见也。"（《戴氏遗书九·附录·答彭进士书》）

又曰：

> "宋以前，孔孟自孔孟，老释自老释。谈老释者，高妙其言，

不依附孔孟。宋以来，孔孟之书，尽失其解，儒者杂袭老释之言以解之。……譬犹子孙未睹其祖父之貌者，误图他人之貌为其貌而事之，所事固己之祖父也，貌则非矣。"（同上）

震欲祛"以释混儒""舍欲言理"之两蔽，故既作《原善》三篇，复为《孟子字义疏证》，《疏证》之精语曰：

"……《记》曰：'饮食男女，人之大欲存焉。'圣人治天下，体民之情，遂民之欲，而王道备。人知老、庄、释氏异于圣人，闻其无欲之说，犹未之信也。于宋儒，则信以为同于圣人；理欲之分，人人能言之。故今之治人者，视古圣贤体民之情、遂民之欲，多出于鄙细隐曲，不措诸意，不足为怪。及其责以理也，不难举旷世之高节著于义而罪之。尊者以理责卑，长者以理责幼，贵者以理责贱，虽失谓之顺；卑者幼者贱者以理争之，虽得谓之逆。于是下之人不能以天下之同情、天下所同欲达之于上；上以理责其下，而在下之罪，人人不胜指数。人死于法，犹有怜之者；死于理，其谁怜之！"

又曰：

"孟子言'养心莫善于寡欲'，明乎欲之不可无也，寡之而已。人之生也，莫病乎无以遂其生。欲遂其生，亦遂人之生，仁也；欲遂其生，至于戕人之生而不顾者，不仁也。不仁实始于欲遂其生之心。使其无此欲，必无不仁矣。然使其无此欲，则于天下之人生道穷蹙，亦将漠然视之。己不必遂其生而遂人之生，无是情也。"

又曰：

"朱子屡言'人欲所蔽'，凡'欲'无非以生以养之事，'欲'之失为'私'不为'蔽'，自以为得理而所执之实谬乃'蔽'。人之大患，'私'与'蔽'而已，'私'生于欲之失，'蔽'生于'知'之失。"

又曰：

> "君子之治天下也，使人各得其情，各遂其欲，勿悖于道义。君子之自治也，情与欲使一于道义。夫遏欲之害，甚于防川，绝情去智，充塞仁义。"

又曰：

> "古圣贤所谓仁义礼智，不求于所谓欲之外，不离乎血气心知。而后儒以为如有别物焉凑泊附著以为性，由杂乎老释，终昧于孔孟之言故也。"

又曰：

> "问：宋儒之言……也，求之六经中无其文，故借……之语以饰其说、以取信学者欤？曰：舍圣人立言之本指，而以己说为圣人所言，是诬圣。借其语以饰吾之说以求取信，是欺学者也。诬圣欺学者，程朱之贤不为。盖其学借阶于老释，是故失之。凡习于先入之言，往往受其蔽而不自觉。"

《疏证》一书，字字精粹，右所录者未尽其万一也。综其内容，不外欲以"情感哲学"代"理性哲学"，就此点论之，乃与欧洲文艺复兴时代之思潮之本质绝相类。盖当时人心，为基督教绝对禁欲主义所束缚，痛苦无艺，既反乎人理而又不敢违，乃相与作伪，而道德反扫地以尽。文艺复兴之运动，乃采久阒窒之"希腊的情感主义"以药之。一旦解放，文化转一新方向以进行，则蓬勃而莫能御。戴震盖确有见于此，其志愿确欲为中国文化转一新方向。其哲学之立脚点，真可称二千年一大翻案。其论尊卑顺逆一段，实以平等精神，作伦理学上一大革命。其斥宋儒之糅合儒佛，虽辞带含蓄，而意极严正，随处发挥科学家求真求是之精神，实三百年间最有价值之奇书也。震亦极以此自负，尝曰："仆生平著述之大，以《孟子字义疏证》为第一。"（《戴东原集》卷首，段玉裁序引）虽然，戴氏学派虽披靡一世，独此书影响极小。据江藩所记，谓当时读《疏证》者莫能通其义，惟洪榜好焉；榜为震行状，载《与彭尺木书》（按此书即与《孟子字义疏证》相发明者）。朱筠见之，谓："可不必载！戴氏可传者不在是。"榜贻筠书力争不得。震子中立，卒将此书删去（《汉学师承记》卷六）。可见当时戴门诸子之对于此书，已持异同。唐鉴谓："先生本训诂家，欲讳其不知义理，特著《孟子字义疏证》以诋程朱。"（《国朝学案小识》）鉴非能知戴学者，其言诚不足轻重，然可以代表当时多数人之心理也。当时宗戴之人，于此书既鲜诵习发明，其反驳者亦仅一方东树（《汉学商兑》卷上），然搔不着痒处。此书盖百余年未生反响之书也，岂其反响当在今日以后耶？然而论清学正统派之运动，遂不得不将此书除外。吾常言："清代学派之运动，乃'研究法的运动'，非'主义的运动'也。"此其收获所以不逮"欧洲文艺复兴运动"之丰大也欤？

十二

　　戴门后学，名家甚众，而最能光大其业者，莫如金坛段玉裁，高邮王念孙及念孙子引之，故世称戴、段、二王焉。玉裁所著书，最著者曰《说文解字注》《六书音韵表》；念孙所著书，最著者曰《读书杂志》《广雅疏证》；引之所著书，最著者曰《经义述闻》《经传释词》。

　　戴、段、二王之学，其所以特异于惠派者，惠派之治经也，如不通欧语之人读欧书，视译人为神圣，汉儒则其译人也，故信凭之不敢有所出入；戴派不然，对于译人不轻信焉，必求原文之正确然后即安。惠派所得，则断章零句，援古正后而已。戴派每发明一义例，则通诸群书而皆得其读。是故惠派可名之曰汉学，戴派则确为清学而非汉学。

　　以爻辰纳甲说《易》，以五行灾异说《书》，以五际六情说《诗》，其他诸经义，无不杂引谶纬，此汉儒通习也。戴派之清学，则芟汰此等，不稍涉其藩，惟于训诂名物制度注全力焉。戴派之言训诂名物，虽常博引汉人之说，然并不墨守之。例如《读书杂志》《经义述闻》，全书皆纠正旧注旧疏之失误。所谓旧注者，则毛、郑、马、贾、服、杜也；旧疏者，则陆、孔、贾也。宋以后之说，则其所不屑是正矣。是故如高邮父子者，实毛、郑、贾、马、服、杜之诤臣，非其将顺之臣也。夫岂惟不将顺古人，虽其父师，亦不苟同。段之尊戴，可谓至矣。试读其《说文注》，则"先生之言非也"，"先生之说非是"诸文，到处皆是。即王引之《经义述闻》，与其父念孙之说相出入者，且不少也。

彼等不惟于旧注旧疏之舛误丝毫不假借而已，而且敢于改经文。此与宋明儒者之好改古书，迹相类而实大殊。彼纯凭主观的臆断，而此则出于客观的钩稽参验也。段玉裁曰：

> "校书定是非最难，是非有二：曰底本之是非，曰立说之是非。必先定底本之是非，而后可断其立说之是非。……何谓底本？著书者之稿本是也。何谓立说？著书者所言之义理是也。……不先正底本，则多诬古人；不断其立说之是非，则多误今人。……"（《经韵楼集·与诸同志论校书之难》）

此论最能说明考证学在学术界之位置及价值。盖吾辈不治一学则已，既治一学，则第一步须先将此学之真相，了解明确，第二步乃批评其是非得失。譬如今日，欲批评欧人某家之学说，若仅凭拙劣伪谬之译本，相与辩争讨论，实则所驳斥者乃并非原著，如此岂不可怜可笑！研究中国古书，虽不至差违如此其甚，然以语法古今之不同，与写刻传袭之讹错，读之而不能通其文句者，则甚多矣。对于未通文句之书，而批评其义理之是非，则批评必多枉用，此无可逃避也。清代之考证学家，即对于此第一步工夫而非常努力，且其所努力皆不虚，确能使我辈生其后者，得省却无限精力，而用之以从事于第二步。清代学之成绩，全在此点，而戴、段、二王之著述，则其代表也。阮元之序《经义述闻》也，曰：

> "凡古儒所误解者，无不旁征曲喻，而得其本义之所在。使古圣贤见之，必解颐曰：'吾言固如是！数千年误解之，今得明矣。'……"

此其言洵非溢美，吾侪今日读王氏父子之书，只觉其条条皆犁然有当于吾心，前此之误解，乃一旦涣然冰释也。虽以方东树之力排"汉学"，犹云："高邮王氏《经义述闻》，实足令郑、朱俯首。汉唐以来，未有其比。"（《汉学商兑》卷中之下）亦可见公论之不可磨灭矣。

然则诸公曷为能有此成绩耶？一言以蔽之曰：用科学的研究法而已。试细读王氏父子之著述，最能表现此等精神。吾尝研察其治学方法：第一曰注意。凡常人容易滑眼看过之处，彼善能注意观察，发现其应特别研究之点，所谓读书得间也。如自有天地以来，苹果落地不知凡几，惟奈端能注意及之；家家日日皆有沸水，惟瓦特能注意及之；《经义述闻》所厘正之各经文，吾辈自童时即诵习如流，惟王氏能注意及之。凡学问上能有发明者，其第一步工夫必恃此也。第二曰虚己。注意观察之后，既获有疑窦，最易以一时主观的感想，轻下判断，如此则所得之"间"，行将失去。考证家决不然，先空明其心，绝不许有一毫先入之见存，惟取客观的资料，为极忠实的研究。第三曰立说。研究非散漫无纪也，先立一假定之说以为标准焉。第四曰搜证。既立一说，绝不遽信为定论，乃广集证据，务求按诸同类之事实而皆合，如动植物学家之日日搜集标本，如物理化学家之日日化验也。第五曰断案。第六曰推论。经数番归纳研究之后，则可以得正确之断案矣。既得断案，则可以推论于同类之事项而无阂也。王引之《经传释词》自序云：

"……始取《尚书》二十八篇绁绎之，见其词之发句助句者，昔人以实义释之，往往诘籀为病，窃尝私为之说而未敢定也。及闻大人（指其父念孙）论《毛诗》'终风且暴'……诸条，发明意旨，涣若冰释。……乃遂引而伸之，尽其义类。自九经、三传及周秦西汉之书，凡助语之文，遍为搜讨，分字编次，为《经传释词》十卷。"

又云：

> "揆之本文而协，验之他卷而通，虽旧说所无，可以心知其
> 意……凡其散见于经传者，皆可比例而知，触类长之。……"

此自言其治学次第及应用之法颇详明，虽仅叙一书著述始
末，然他书可以类推，他家之书亦可以类推矣。此清学所以异于
前代，而永足为我辈程式者也。

十三

正统派之学风，其特色可指者略如下：

一、凡立一义，必凭证据；无证据而以臆度者，在所必摈。

二、选择证据，以古为尚。以汉唐证据难宋明，不以宋明证据难汉唐；据汉魏可以难唐，据汉可以难魏晋，据先秦西汉可以难东汉。以经证经，可以难一切传记。

三、孤证不为定说。其无反证者姑存之，得有续证则渐信之，遇有力之反证则弃之。

四、隐匿证据或曲解证据，皆认为不德。

五、最喜罗列事项之同类者，为比较的研究，而求得其公则。

六、凡采用旧说，必明引之，剿说认为大不德。

七、所见不合，则相辩诘，虽弟子驳难本师，亦所不避，受之者从不以为忤。

八、辩诘以本问题为范围，词旨务笃实温厚。虽不肯枉自己意见，同时仍尊重别人意见。有盛气凌轹，或支离牵涉，或影射讥笑者，认为不德。

九、喜专治一业，为"窄而深"的研究。

十、文体贵朴实简絜，最忌"言有枝叶"。

当时学者，以此种学风相矜尚，自命曰"朴学"。其学问之中坚，则经学也。经学之附庸则小学，以次及于史学、天算学、地理学、音韵学、律吕学、金石学、校勘学、目录学等等，一皆以此种研究精神治之。质言之，则举凡自汉以来书册上之学问，皆加以一番磨琢，施以一种组织。

其直接之效果：一，吾辈向觉难读难解之古书，自此可以读可以解。二，许多伪书及书中窜乱芜秽者，吾辈可以知所别择，不复虚糜精力。三，有久坠之绝学，或前人向不注意之学，自此皆卓然成一专门学科；使吾辈学问之内容，日益丰富。

其间接之效果：一，读诸大师之传记及著述，见其"为学问而学问"，治一业终身以之，铢积寸累，先难后获，无形中受一种人格的观感，使吾辈奋兴向学。二，用此种研究法以治学，能使吾辈心细，读书得间；能使吾辈忠实，不欺饰；能使吾辈独立，不雷同；能使得吾辈虚受，不敢执一自是。

正统派所治之学，为有用耶？为无用耶？此甚难言。试持以与现代世界诸学科比较，则其大部分属于无用，此无可讳言也。虽然，有用无用云者，不过相对的名词。老子曰："三十辐共一毂，当其无，有车之用。"此言乎以无用为用也。循斯义也，则凡真学者之态度，皆当为学问而治学问。夫用之云者，以所用为目的，学问则为达此目的之一手段也。为学问而治学问者，学问即目的，故更无有用无用之可言。庄子称"不龟手之药，或以霸，或不免于洴澼絖"，此言乎为用不为用，存乎其人也。循斯义也，则同是一学，在某时某地某人治之为极无用者，易时易地易人治之，可变为极有用，是故难言也。其实就纯粹的学者之见地论之，只当问成为学不成为学，不必问有用与无用，非如此则学问不能独立，不能发达。夫清学派固能成为学者也，其在我国文化史上有价值者以此。

十四

　　清学自当以经学为中坚。其最有功于经学者，则诸经殆皆有新疏也。其在《易》，则有惠栋之《周易述》，张惠言之《周易虞氏义》，姚配中之《周易姚氏学》。其在《书》，则有江声之《尚书集注音疏》，孙星衍之《尚书古今文注疏》，段玉裁之《古文尚书撰异》，王鸣盛之《尚书后案》。其在《诗》，则有陈奂之《诗毛氏传疏》，马瑞辰之《毛诗传笺通释》，胡承珙之《毛诗后笺》。其在《周官》，有孙诒让之《周礼正义》。其在《仪礼》，有胡承珙之《仪礼今古文疏义》，胡培翚之《仪礼正义》。其在《左传》，有刘文淇之《春秋左氏传正义》。其在《公羊传》，有孔广森之《公羊通义》，陈立之《公羊义疏》。其在《论语》，有刘宝楠之《论语正义》。其在《孝经》，有皮锡瑞之《孝经郑注疏》。其在《尔雅》，有邵晋涵之《尔雅正义》，郝懿行之《尔雅义疏》。其在《孟子》，有焦循之《孟子正义》。

　　以上诸书，惟马、胡之于《诗》，非全释经传文，不能直谓之新疏。《易》诸家穿凿汉儒说，非训诂家言。清儒最善言《易》者，惟一焦循。其所著《易通释》《易图略》《易章句》，皆絜净精微，但非新疏体例耳。《书》则段、王二家稍粗滥。《公羊》则孔著不通家法。自余则皆博通精粹，前无古人。尤有吾乡简朝亮，著《尚书集注述疏》《论语集注补正述疏》，志在沟通汉宋，非正统派家法，然精核处极多。十三经除《礼记》《穀梁》外，余皆有新疏一种或数种，而《大戴礼记》则有孔广森《补注》、王聘珍《解诂》焉。此诸新疏者，类皆撷取一代经说之菁华，加以别择结撰，殆可谓集大成。其余为部分的研究之书，最著者则惠士奇之《礼说》，胡渭之《禹贡锥指》，惠栋之《易汉学》《古文尚书考》《明堂大道录》，焦循之《周易郑氏义》《荀氏九家义》《易义别录》，陈寿祺之《三家诗遗说考》，江永之《周礼疑义举要》，戴震之《考工记图》，段玉裁之《周礼仪礼汉读考》，张惠言之《仪礼图》，凌廷堪之《礼经释例》，金榜之《礼笺》，孔广森之《礼学卮言》，武亿之《三礼义证》，金鹗之《求古录礼说》，黄以周之《礼书通故》，王引之之《春秋名字解诂》，侯康之《穀梁礼证》，江永之《乡党图考》，王引之之《经义述闻》，陈寿祺之《左海经辨》，程瑶田之《通艺录》，焦循之《群经宫室图》等，其精粹者不下数百种。

清儒以小学为治经之途径，嗜之甚笃，附庸遂蔚为大国。其在《说文》，则有段玉裁之《说文注》，桂馥之《说文义证》，王筠之《说文释例》《说文句读》，朱骏声之《说文通训定声》。其在《说文》以外之古字书，则有戴震之《方言疏证》，江声之《释名疏证》，宋翔凤之《小尔雅训纂》，胡承珙之《小尔雅义证》，王念孙之《广雅疏证》，此与《尔雅》之邵、郝二疏略同体例。得此而六朝以前之字书，差无疑滞矣。而以极严正之训诂家法贯穴群书而会其通者，则王念孙之《经传释词》，俞樾之《古书疑义举例》最精凿。近世则章炳麟之《小学答问》，益多新理解。而马建忠学之以著《文通》，严复学之以著《英文汉诂》，为文典字之椎轮焉。而梁启超著《国文语原解》，又往往以证社会学。

音韵学又小学之附庸也，而清代特盛。自顾炎武始著《音论》《古音表》《唐韵正》，而江永有《音学辨微》《古韵标准》，戴震有《声韵考》《声类表》，段玉裁有《六书音韵表》，姚文田有《说文声系》，苗夔有《说文声读表》，严可均有《说文声类》，陈澧有《切韵考》，而章炳麟《国故论衡》中论音韵诸篇，皆精绝。此学也，其动机本起于考证古音，而愈推愈密，遂能穷极人类发音官能之构造，推出声音变化之公例。刘献廷著《新韵谱》，创字母，其书不传。近世治此学者，积多数人之讨论折衷，遂有注音字母之颁定。

典章制度一科，在清代亦为绝学。其动机起于治三《礼》，后遂泛滥益广。惠栋著《明堂大道录》，对于古制度专考一事、渺成专书者始此。徐乾学编《读礼通考》，秦蕙田编《五礼通考》，多出一时名人之手。其后则胡匡衷有《仪礼释官》，戴震有《考工记图》，沈彤有《周官禄田考》，王鸣盛有《周礼军赋说》，洪颐煊有《礼经宫室答问》，任大椿有《弁服释例》《深衣释例》，皆专注《礼》，而焦循有《群经宫室图》，程瑶田有《通艺录》，贯通诸经焉。晚清则有黄以周之《礼书通故》，最博赡精审，盖清代礼学之后劲矣。而乐律一门，亦几蔚为大国。毛奇龄始著《竟山乐录》，次则江永著《律吕新论》《律吕阐微》，江藩著《乐县考》，凌廷堪著《燕乐考原》，而陈澧之《声律通考》，晚出最精善。此皆足为将来著中国音乐史最好之资料也。焦循著《剧说》，专考今乐沿革，尤为切近有用矣。

清初诸师皆治史学，欲以为经世之用。王夫之长于史论，其《读通鉴论》《宋论》皆有特识。而后之史学家不循斯轨。黄宗羲、万斯同以一代文献自任，实为史学嫡派。康熙间，清廷方开《明史》馆，欲藉以网罗遗逸；诸师既抱所学，且藉以寄故国之思，虽多不受职，而皆间接参与其事，相与讨论体例，别择事实。故唐以后官修诸史，独《明史》称完善焉。乾隆以后，传此派者，全祖望最著。

顾炎武治史，于典章制度风俗，多论列得失，然亦好为考证。乾嘉以还，考证学统一学界，其洪波自不得不及于史，则有赵翼之《廿二史札记》，王鸣盛之《十七史商榷》，钱大昕之《二十二史考异》，洪颐煊之《诸史考异》，皆汲其流。四书体例略同，其职志皆在考证史迹，订讹正谬。惟赵书于每代之后，常有多条胪列史中故实，用归纳法比较研究，以观盛衰治乱之原，此其特长也。其专考证一史者，则有惠栋之《后汉书补注》，梁玉绳之《史记志疑》《汉书人表考》，钱大昕之《汉书辨疑》《后汉书辨疑》《续汉书辨疑》，梁章钜之《三国志旁证》，周寿昌之《汉书注校补》《后汉书注补正》，杭世骏之《三国志补注》，其尤著也。

自万斯同力言表志之重要，自著《历代史表》，此后表志专书，可观者多。顾栋高有《春秋大事表》，钱大昭有《后汉书补表》，周嘉猷有《南北史表》《三国纪年表》《五代纪年表》，洪饴孙有《三国职官表》，钱大昕有《元史氏族表》，齐召南有《历代帝王年表》。林春溥著《竹柏山房十五种》，皆考证古史，其中《战国纪年》、孔孟年表诸篇最精审，而官书亦有《历代职官表》。洪亮吉有《三国疆域志》《东晋疆域志》《十六国疆域志》，洪齮孙有《补梁疆域志》，钱仪吉有《补晋兵志》，侯康有《补三国艺文志》，倪灿有《宋史艺文志补》，《补辽金元三史艺文志》，顾怀三有《补五代史艺文志》，钱大昕有《补元史艺文志》，郝懿行有《补宋书刑法志食货志》，皆称善本焉。

而对于古代别史杂史，亦多考证笺注，则有陈逢衡之《逸周书补注》，朱右曾之《周书集训校释》，丁宗洛之《逸周书管笺》，洪亮吉之《国语注疏》，顾广圻之《国语札记》《战国策札记》，程恩泽之《国策地名考》，郝懿行之《山海经笺疏》，陈逢衡之《竹书纪年集证》。

降及晚清，研究元史，忽成为一时风尚，则有何秋涛之《元圣武亲征录校正》，李文田之《元秘史注》。

凡此皆以经学考证之法，移以治史，只能谓之考证学，殆不可谓之史学。其专研究史法者，独有章学诚之《文史通义》，其价值可比刘知几《史通》。

自唐以后，罕能以私人独力著史，惟万斯同之《明史稿》，最称巨制。而魏源亦独力改著《元史》。柯劭忞之《新元史》，则近出之巨制也。源又有《圣武记》，记清一代大事，有条贯。而毕沅《续资治通鉴》亦称善本。

黄宗羲始著《明儒学案》，为学史之祖。其《宋元学案》，则其子百家与全祖望先后续成之。皆清代史学之光也。

史之缩本，则地志也。清之盛时，各省府州县皆以修志相尚，其志多出硕学之手。其在省志，《浙江通志》《广东通志》《云南通志》之总纂，则阮元也；《广西通志》，则谢启昆也；《湖北通志》，则章学诚原稿也。其在府县志，则《汾州府志》出戴震，《泾县志》《淳化县志》出洪亮吉，《三水县志》出孙星衍，《朝邑县志》出钱坫，《偃师志》《安阳志》出武亿，《富顺县志》出段玉裁，《和州志》《亳州志》《永清县志》《天门县志》出章学诚，《凤台县志》出李兆洛，《长沙志》出董祐诚，《遵义府志》出郑珍、莫友芝。凡作者皆一时之选，其书有别裁有断制，其讨论体例见于各家文集者甚周备。欲知清代史学家之特色，当于此求之。

十五

顾炎武、刘献廷皆酷嗜地理学，所著书皆未成，而顾祖禹之《读史方舆纪要》，言形势阨塞略尽，后人莫能尚，于是中清之地理学，亦偏于考古一途。

自戴震著《水地记》《校水经注》，而《水经》为一时研究之中心。孔广森有《水经释地》，全祖望有《新校水经注》，赵一清有《水经注释》，张匡学有《水经注释地》，而近人杨守敬为《水经注疏》，尤集斯学大成（未刻，刻者仅《注疏要删》）。

而齐召南著《水道提纲》，则循水道治今地理也。洪颐煊有《汉志水道疏证》，陈澧有《汉书地理志水道图说》，亦以水道治汉地理。

阎若璩著《四书释地》，徐善著《春秋地名考略》，江永著《春秋地名考实》，焦循著《毛诗地理释》，程恩泽著《国策地名考》，皆考证先秦地理。

其考证各史地理者，则吴卓信《汉书地理志补注》，杨守敬《隋书地理志考证》最精博。

其通考历代者，有陈芳绩之《历代地理沿革表》，李兆洛之《历代地理志韵编今释》，皆便检阅。而杨守敬之《历代疆域志》《历代地理沿革图》，极综核，惜制图术未精，难言正确矣。

自乾隆后边徼多事，嘉道间学者渐留意西北边新疆、青海、西藏、蒙古诸地理，而徐松、张穆、何秋涛最名家，松有《西域水道记》《汉书西域传补注》《新疆识略》，穆有《蒙古游牧记》，秋涛有《朔方备乘》，渐引起研究元史的兴味，至晚清尤盛。

外国地理，自徐继畬著《瀛寰志略》，魏源著《海国图志》，开始端绪，而其后竟不光大。近人丁谦于各史外夷传及《穆天子传》《佛国记》《大唐西域记》诸古籍，皆博加考证，成书二十余种（无总名，最近浙江图书馆校刻），颇精赡。要之清代地理学偏于考古，故活学变为死学，惟据全祖望著刘献廷传，知献廷有意治"人文地理"，惜其业不竟，而后亦无继也。

自明徐光启以后，士大夫渐好治天文算学。清初则王锡阐、梅文鼎最专精，而大师黄宗羲、江永辈皆提倡之。清圣祖尤笃嗜，召西士南怀仁等供奉内廷。风声所被，向慕尤众。圣祖著有《数理精蕴》《历象考成》。锡阐有《晓庵新法》。文鼎有《勿庵历算全书》二十九种。江永有《慎修数学》九种。戴震校《周髀》以后迄六朝唐人算书十种，命曰《算经》。自尔而后，经学家十九兼治天算。尤专门者，李锐、董祐诚、焦循、罗士琳、张作楠、刘衡、徐有壬、邹伯奇、丁取忠、李善兰、华蘅芳。锐有《李氏遗书》，祐诚有《董方立遗书》，循有《里堂学算记》，作楠有《翠微山房数学》，衡有《六九轩算书》，有壬有《务民义斋算书》，伯奇有《邹征君遗书》，取忠有《白芙堂算学丛书》，善兰有《则古昔斋算学》。而曾国藩设江南制造局于上海，颇译泰西科学书，其算学名著多出善兰、蘅芳手，自是所谓"西学"者渐兴矣。阮元著《畴人传》，罗士琳续补之，清代斯学变迁略具焉。

兹学中国发源甚古，而光大之实在清代，学者精研虚受，各有创获，其于西来法，食而能化，足觇民族器量焉。

十六

金石学之在清代又彪然成一科学也。自顾炎武著《金石文字记》，实为斯学滥觞。继此有钱大昕之《潜研堂金石文字跋尾》，武亿之《金石三跋》，洪颐煊之《平津馆读碑记》，严可均之《铁桥金石跋》，陈介祺之《金石文字释》，皆考证精彻，而王昶之《金石萃编》，荟录众说，颇似类书。其专举目录者，则孙星衍、邢澍之《寰宇访碑录》。其后碑版出土日多，故《萃编》《访碑录》等再三续补而不能尽。

顾、钱一派专务以金石为考证经史之资料，同时有黄宗羲一派，从此中研究文史义例。宗羲著《金石要例》，其后梁玉绳、王芑孙、郭麐、刘宝楠、李富孙、冯登府等皆赓续有作。别有翁方纲、黄易一派，专讲鉴别，则其考证非以助经史矣。包世臣一派专讲书势，则美术的研究也。而叶昌炽著《语石》，颇集诸派之长，此皆石学也。

其"金文学"则考证商周铜器。初，此等古物，惟集于内府，则有《西清古鉴》《宁寿鉴古》等官书，然其文字皆摹写，取姿媚，失原形，又无释文，有亦臆舛。自阮元、吴荣光以封疆大吏，嗜古而力足以副之，于是收藏寖富，遂有著录。阮有《积古斋钟鼎彝器款识》，吴有《筠清馆金石文字》，研究金文之端开矣。道咸以后日益盛，名家者有刘喜海、吴式芬、陈介祺、王懿荣、潘祖荫、吴大澂、罗振玉。式芬有《攈古录金文》，祖荫有《攀古楼彝器款识》，大澂有《愙斋集古录》，皆称精博。其所以考证，多一时师友互相赏析所得，非必著者一人私言也。

自金文学兴，而小学起一革命。前此尊《说文》若六经，袥孔子以许慎。至是援古文籀文以难许者纷作。若庄述祖之《说文古籀疏证》，孙诒让之《古籀拾遗》，其著也。

诸器文字既可读，其事迹出古经以外者甚多，因此增无数史料，而其花文雕镂之研究，亦为美术史上可宝之资，惜今尚未有从事者耳。

最近复有龟甲文之学。龟甲文者，光绪己亥在河南汤阴县出土，殆数万片，而文字不可识，共不审为何时物。后罗振玉考定为殷文，著《贞卜文字》《殷虚书契考释》《殷虚书契待问篇》。而孙诒让著《名原》，亦多根据甲文。近更有人言其物质非龟甲乃竹简云。惜文至简，足供史材者希，然文字变迁异同之迹可稽焉。

清儒之有功于史学者，更一端焉，则校勘也。古书传习愈希者，其传钞踵刻，伪谬愈甚，驯至不可读，而其书以废。清儒则博征善本以校雠之，校勘遂成一专门学。其成绩可纪者，若汪中、毕沅之校《大戴礼记》，周廷寀、赵怀玉之校《韩诗外传》，卢文弨之校《逸周书》，汪中、毕沅、孙诒让之校《墨子》，谢墉之校《荀子》，孙星衍之校《孙子》《吴子》，汪继培、任大椿、秦恩复之校《列子》，顾广圻之校《国语》《战国策》《韩非子》，毕沅、梁玉绳之校《吕氏春秋》，严可均之校《慎子》《商君书》，毕沅之校《山海经》，洪颐煊之校《竹书纪年》《穆天子传》，丁谦之校《穆天子传》，戴震、卢文弨之校《春秋繁露》，汪中之校《贾谊新书》，戴震之校《算经十书》，戴震、全祖望之校《水经注》，顾广圻之校《华阳国志》。诸所校者，或遵善本，或据他书所征引，或以本文上下互证，或是正其文字，或厘定其句读，或疏证其义训，往往有前此不可索解之语句，一旦昭若发蒙。

其功尤钜者，则所校多属先秦诸子，因此引起研究诸子学之兴味。盖自汉武罢黜百家以后，直至清之中叶，诸子学可谓全废。若荀若墨，以得罪孟子之故，几莫敢齿及。及考证学兴，引据惟古是尚，学者始思及六经以外，尚有如许可珍之籍。故王念孙《读书杂志》，已推勘及于诸子。其后俞樾亦著《诸子平议》，与《群经平议》并列。而汪、戴、卢、孙、毕诸贤，乃遍取古籍而校之。

夫校其文必寻其义，寻其义则新理解出矣。故汪中之《荀卿子通论》《墨子序》《墨子后序》（并见《述学》），孙星衍之《墨子序》（平津馆丛书本《墨子》），我辈今日读之，诚觉甚平易，然在当日，固发人所未发，且言人所不敢言也。后此洪颐煊著《管子义证》，孙诒让著《墨子间诂》，王先慎著《韩非子集释》，则跻诸经而为之注矣。及今而稍明达之学者，皆以子与经并重。思想蜕变之枢机，有捩于彼而辟于此者，此类是已。

吾辈尤有一事当感谢清儒者，曰辑佚。

书籍经久必渐散亡，取各史艺文、经籍等志校其存佚易见也。肤芜之作，存亡固无足轻重；名著失坠，则国民之遗产损焉。

乾隆中修《四库全书》，其书之采自《永乐大典》者以百计，实开辑佚之先声。此后兹业日昌，自周秦诸子，汉人经注，魏晋六朝逸史逸集，苟有片语留存，无不搜罗撮录。其取材则唐宋间数种大类书，如《艺文类聚》《初学记》《太平御览》等最多，而诸经注疏及他书，凡可搜者无不遍。当时学者从事此业者甚多，不备举。而马国翰之《玉函山房辑佚书》，分经史子三部，集所辑至数百种，他可推矣。遂使《汉志》诸书、《隋唐志》久称已佚者，今乃累累现于吾辈之藏书目录中，虽复片鳞碎羽，而受赐则既多矣。

十七

　　呜呼！自吾之生，而乾嘉学者已零落略尽，然十三岁肄业于广州之学海堂，堂则前总督阮元所创，以朴学教于吾乡者也。其规模矩矱，一循百年之旧。十六七岁游京师，亦获交当时耆宿数人，守先辈遗风不替者。中间涉览诸大师著述，参以所闻见，盖当时"学者社会"之状况，可仿佛一二焉。

　　大抵当时好学之士，每人必置一"札记册子"，每读书有心得则记焉。盖清学祖顾炎武，而炎武精神传于后者在其《日知录》。其自述曰："所著《日知录》三十余卷，平生之志与业皆在其中。"（《亭林文集·与友人论门人书》）又曰："承问《日知录》又成几卷，而某自别来一载，早夜诵读，反复寻觅，仅得十余条……"（同《与人书》十）其成之难而视之重也如此。推原札记之性质，本非著书，不过储著书之资料，然清儒最戒轻率著书，非得有极满意之资料，不肯泐为定本，故往往有终其身在预备资料中者。又当时第一流学者所著书，恒不欲有一字余于己所心得之外。著专书或专篇，其范围必较广泛，则不免于所心得外撦拾冗词以相凑附。此非诸师所乐，故宁以札记体存之而已。

　　夫吾固屡言之矣，清儒之治学，纯用归纳法，纯用科学精神。此法此精神，果用何种程序始能表现耶？第一步，必先留心观察事物，觑出某点某点有应特别注意之价值；第二步，既注意于一事项，则凡与此事项同类者或相关系者，皆罗列比较以研究之；第三步，比较研究的结果，立出自己一种意见；第四步，根据此意见，更从正面旁面反面博求证据，证据备则渺为定说，遇有力之反证则弃之。凡今世一切科学之成立，皆循此步骤，而清考证家之每立一说，亦必循此步骤也。

既已如此，则试思每一步骤进行中，所需资料几何，精力几何，非用极绵密之札记安能致者？训诂学之模范的名著，共推王引之《经传释词》，俞樾《古书疑义举例》。苟一察其内容，即可知其实先有数千条之札记，后乃组织而成书。又不惟专书为然耳，即在札记本身中，其精到者，亦必先之以初稿之札记——例如钱大昕发明古书轻唇音，试读《十驾斋养新录》本条，即知其必先有百数十条之初稿札记，乃能产出。——故顾氏谓一年仅能得十余条，非虚言也。

由此观之，则札记实为治此学者所最必要，而欲知清儒治学次第及其得力处，固当于此求之。

札记之书则夥矣，其最可观者，《日知录》外，则有阎若璩之《潜邱札记》，钱大昕之《十驾斋养新录》，臧琳之《经义杂记》，卢文弨之《钟山札记》《龙城札记》，孙志祖之《读书脞录》，王鸣盛之《蛾术编》，汪中之《知新记》，洪亮吉之《晓读书斋四录》，赵翼之《陔余丛考》，王念孙之《读书杂志》，王引之之《经义述闻》，何焯之《义门读书记》，臧庸之《拜经日记》，梁玉绳之《瞥记》，俞正燮之《癸巳类稿》《癸巳存稿》，宋翔凤之《过庭录》，陈澧之《东塾读书记》等。其他不可殚举。各家札记，精粗之程度不同，即同一书中，每条价值亦有差别。有纯属原料性质者（对于一事项初下注意的观察者），有渐成为粗制品者（胪列比较而附以自己意见者），有已成精制品者（意见经反复引证后认为定说者），而原料与粗制品，皆足为后人精制所取资，此其所以可贵也。

要之当时学者喜用札记，实一种困知勉行工夫，其所以能绵密深入而有创获者，颇恃此，而今亡矣。

清儒既不喜效宋明人聚徒讲学，又非如今之欧美有种种学会学校为聚集讲习之所，则其交换知识之机会，自不免缺乏。其赖以补之者，则函札也。后辈之谒先辈，率以问学书为贽。——有著述者则媵以著述。——先辈视其可教者，必报书，释其疑滞而奖进之。平辈亦然。每得一义，辄驰书其共学之友相商榷，答者未尝不尽其词。凡著一书成，必经挚友数辈严勘得失，乃以问世，而其勘也皆以函札。此类函札，皆精心结撰，其实即著述也。此种风气，他时代亦间有之，而清为独盛。

其为文也朴实说理，言无枝叶，而旨壹归于雅正。语录文体，所不喜也，而亦不以奇古为尚。顾炎武之论文曰："孔子言：'其旨远，其辞文。'又曰：'言之无文，行而不远。'曾子曰：'出辞气，斯远鄙倍。'今讲学先生从语录入者，多不善修辞。"又曰："时有今古，非文有今古，今之不能为二汉，犹二汉之不能为《尚书》《左氏》，乃剿取《史》《汉》中文法以为古，甚者猎其一二字句用之于文，殊为不称……舍今日恒用之字而借古字之通用者，文人所以自盖其俚浅也。"（《日知录》十九）

清学皆宗炎武，文亦宗之。其所奉为信条者，一曰不俗，二曰不古，三曰不枝。盖此种文体于学术上之说明，最为宜矣，然因此与当时所谓"古文家"者每不相容。

美文，清儒所最不擅长也。诸经师中，殆无一人能为诗者。——集中多皆有诗，然真无足观。——其能为词者，仅一张惠言。能为骈体文者，有孔广森、汪中、凌廷堪、洪亮吉、孙星衍、董祐诚，其文仍力洗浮艳，如其学风。

十八

　　兹学盛时，凡名家者，比较的多耿介恬退之士。时方以科举笼罩天下，学者自宜十九从兹途出。大抵后辈志学之士未得第者，或新得第而俸入薄者，恒有先辈延主其家为课子弟。此先辈亦以子弟畜之，当奖诱增益其学；此先辈家有藏书，足供其研索；所交游率当代学者，常得陪末座以广其闻见，于是所学渐成矣。官之迁皆以年资，人无干进之心，即干亦无幸获。得第早而享年永者，则驯跻卿相，否则以词馆郎署老。俗既俭朴，事畜易周，而寒士素惯淡泊，故得与世无竞，而终其身于学。京官簿书期会至简，惟日夕闭户亲书卷，得间与同气相过从，则互出所学相质。琉璃厂书贾，渐染风气，大可人意，每过一肆，可以永日，不啻为京朝士夫作一公共图书馆——凌廷堪佣于书坊以成学——学者滋便焉。其有外任学差或疆吏者，辄妙选名流充幕选，所至则网罗遗逸，汲引后进，而从之游者，既得以稍裕生计，亦自增其学。其学成名著而厌仕宦者，亦到处有逢迎，或书院山长，或各省府州县修志，或大族姓修谱，或有力者刻书请鉴定，皆其职业也。凡此皆有相当之报酬，又有益于学业，故学者常乐就之。吾常言：欲一国文化进展，必也社会对于学者有相当之敬礼；学者恃其学足以自养，无忧饥寒，然后能有余裕以从事于更深的研究，而学乃日新焉。近世欧洲学问多在此种环境之下培养出来，而前清乾嘉时代，则亦庶几矣。

欧洲文艺复兴，固由时代环境所酝酿，与二三豪俊所浚发，然尚有立乎其后以翼而辅之者，若罗马教皇尼古拉第五，佛罗棱萨之麦地奇家父子，拿波里王阿尔芬梭，以及其他意大利自由市府之豪商阀族，皆沾染一时风尚，为之先后疏附，直接间接提倡奖借者不少，故其业益昌。

清学之在全盛期也亦然。清高宗席祖父之业，承平殷阜，以右文之主自命，开四库馆，修《一统志》，纂《续三通》《皇朝三通》，修《会典》，修《通礼》，日不暇给，其事皆有待于学者。内外大僚承风宏奖者甚众。嘉庆间，毕沅、阮元之流，本以经师致身通显，任封疆，有力养士，所至提倡，隐然兹学之护法神也。淮南盐商，既穷极奢欲，亦趋时尚，思自附于风雅，竞蓄书画图器，邀名士鉴定，洁亭舍、丰馆谷以待。其时刻书之风甚盛，若黄丕烈、鲍廷博辈固自能别择雠校，其余则多有力者欲假此自显，聘名流董其事。乃至贩鸦片起家之伍崇曜，亦有《粤雅堂丛书》之刻，而其书且以精审闻，他可推矣。

夫此类之人，则何与于学问？然固不能谓其于兹学之发达无助力，与南欧巨室豪贾之于文艺复兴，若合符契也。吾乃知时代思潮之为物，当运动热度最高时，可以举全社会各部分之人人，悉参加于此运动。其在中国，则晚明之心学，盛清之考证，皆其例也。

十九

以上诸节所论，皆为全盛期之正统派。此派远发源于顺、康之交，直至光、宣，而流风余韵，虽替未沫，直可谓与前清朝运相终始。而中间乾、嘉、道百余年间，其气象更掩袭一世，实更无他派足与抗颜行。若强求其一焉，则固有在此统一的权威之下而常怀反侧者，即所谓"古文家"者是已。

宋明理学极敝，然后清学兴。清学既兴，治理学者渐不复能成军。其在启蒙期，犹为程、朱、陆、王守残垒者，有孙奇逢、李中孚、刁包、张履祥、张尔岐、陆陇其、陆世仪诸人，皆尚名节，厉实行，粹然纯儒，然皆硁硁自守，所学遂不克光大。同时有汤斌、李光地、魏象枢、魏裔介辈，亦治宋学，颇婥婀投时主好以跻通显。时清学壁垒未立，诸大师著述谈说，往往出入汉宋，则亦相忘于道术而已。

乾隆之初，惠、戴崛起，汉帜大张，畴昔以宋学鸣者，颇无颜色。时则有方苞者，名位略似斌、光地等，尊宋学，笃谨能躬行，而又好为文。苞，桐城人也，与同里姚范、刘大櫆共学文，诵法曾巩、归有光，造立所谓古文义法，号曰"桐城派"。又好述欧阳修"因文见道"之言，以孔、孟、韩、欧、程、朱以来之道统自任，而与当时所谓汉学者互相轻。范从子鼐，欲从学戴震。震固不好为人师，谢之。震之规古文家也曰："诸君子之为之也，曰：是道也，非艺也。夫道固有存焉者矣，如诸君子之文，亦恶睹其非艺欤？"（《东原集·与方希原书》）钱大昕亦曰，方氏"所谓古文义法者，特世俗选本之古文……法且不知，义更何有？……若方氏乃真不读书之甚者，吾兄特以其波澜意度近于古而喜之。……"（《潜研堂集三十三·与友人书》）由是诸方诸姚颇不平。鼒屡为文诋汉学破碎，而方东树著《汉学商兑》，遍诋阎、胡、惠、戴所学，不遗余力。自是两派始交恶。其后阳湖恽敬、陆继辂自"桐城"受义法而稍变其体；张惠言、李兆洛皆治考证学，而亦好为文，与恽、陆同气，号"阳湖派"。戴、段派之考证学，虽披靡一世，然规律太严整，且亦声希味淡，不能悉投众嗜，故诵习两派古文家者卒不衰，然才力薄，罕能张其军者。

咸、同间，曾国藩善为文而极尊"桐城"，尝为《圣哲画像赞》，至跻姚鼐与周公、孔子并列。国藩功业既焜耀一世，"桐城"亦缘以增重，至今犹有挟之以媚权贵欺流俗者。

平心论之，"桐城"开派诸人，本狷洁自好，当"汉学"全盛时而奋然与抗，亦可谓有勇。不能以其末流之堕落归罪于作始。然此派者，以文而论，因袭矫揉，无所取材；以学而论，则奖空疏，阙创获，无益于社会。且其在清代学界，始终未尝占重要位置，今后亦断不复能自存，置之不论焉可耳。

方东树之《汉学商兑》，却为清代一极有价值之书。其书成于嘉庆间，正值正统派炙手可热之时，奋然与抗，亦一种革命事业也。其书为宋学辩护处，固多迂旧，其针砭汉学家处，却多切中其病，就中指斥言"汉易"者之矫诬，及言典章制度之莫衷一是，尤为知言。后此治汉学者颇欲调和汉宋，如阮元著《性命古训》。陈澧著《汉儒通义》，谓汉儒亦言理学，其《东塾读书记》中有《朱子》一卷，谓朱子亦言考证，盖颇受此书之反响云。

在全盛期与蜕分期之间，有一重要人物，曰会稽章学诚。学诚不屑屑于考证之学，与正统派异。其言"六经皆史"，且极尊刘歆《七略》，与今文家异。然其所著《文史通义》，实为乾、嘉后思想解放之源泉。其言"贤智学于圣人，圣人学于百姓"，"集大成者乃周公而非孔子"（《原道篇》）；言"六经皆史，而诸子又皆出于六经"（《易教》《诗教》《经解》诸篇）；言"战国以前无著述"（《诗教篇》）；言"古人之言，所以为公，未尝私据为己有"（《言公篇》）；言"古之糟粕，可以为今之精华"（《说林篇》）；言"后人之学胜于前人，乃后起之智虑所应尔"（《朱陆篇》）；言"学术与一时风尚不必求适合"（《感遇篇》）；言"文不能彼此相易，不可舍己之所求以摩古人之形似"（《文理篇》）；言"学贵自成一家，人所能者，我不必以不能为愧"（《博约篇》）。书中创见类此者不可悉数，实为晚清学者开拓心胸，非直史家之杰而已。

二十

道、咸以后，清学曷为而分裂耶？其原因，有发于本学派之自身者，有由环境之变化所促成者。

所谓发于本学派自身者何耶？

其一，考证学之研究方法虽甚精善，其研究范围却甚拘迂。就中成绩最高者，惟训诂一科，然经数大师发明略尽，所余者不过糟粕。其名物一科，考明堂，考燕寝，考弁服，考车制，原物今既不存，聚讼终末由决。典章制度一科，言丧服，言禘祫，言封建，言井田，在古代本世有损益变迁，即群书亦末由折衷通会。夫清学所以能夺明学之席而与之代兴者，毋亦曰彼空而我实也？今纷纭于不可究诘之名物制度，则其为空也，与言心言性者相去几何？甚至言《易》者摈"河图洛书"而代以"卦气爻辰"，其矫诬正相类。诸如此类者尚多，殊不足以服人。要之清学以提倡一"实"字而盛，以不能贯彻一"实"字而衰，自业自得，固其所矣。

其二，凡一有机体发育至一定限度，则凝滞不复进，因凝滞而腐败，而衰谢，此物理之恒也。政制之蜕变也亦然，学派之蜕变也亦然。清学之兴，对于明之"学阀"而行革命也。乃至乾、嘉以降，而清学已自成为炙手可热之一"学阀"。即如方东树之《汉学商兑》，其意气排轧之处固甚多，而切中当时流弊者抑亦不少，然正统派诸贤，莫之能受，其驺卒之依附末光者，且盛气以临之。于是思想界成一"汉学专制"之局。学派自身，既有缺点，而复行以专制，此破灭之兆矣。

其三，清学家既教人以尊古，又教人以善疑。既尊古矣，则有更古焉者，固在所当尊。既善疑矣，则当时诸人所共信者，吾曷为不可疑之？盖清学经乾、嘉全盛以后，恰如欧洲近世史初期，各国内部略奠定，不能不有如科仑布其人者别求新陆，故在本派中有异军突起，而本派之命运，遂根本摇动，则亦事所必至、理有固然矣。

所谓由环境之变化所促成者何耶？

其一，清初"经世致用"之一学派所以中绝者，固由学风正趋于归纳的研究法，厌其空泛，抑亦因避触时忌，聊以自藏。嘉、道以还，积威日弛，人心已渐获解放，而当文恬武嬉之既极，稍有识者，咸知大乱之将至。追寻根原，归咎于学非所用，则最尊严之学阀，自不得不首当其冲。

其二，清学之发祥地及根据地，本在江浙；咸、同之乱，江浙受祸最烈，文献荡然，后起者转徙流离，更无余裕以自振其业，而一时英拔之士，奋志事功，更不复以学问为重。凡学术之赓续发展，非比较的承平时代则不能。咸、同间之百学中落，固其宜矣。

其三，"鸦片战役"以后，志士扼腕切齿，引为大辱奇戚，思所以自湔拔；经世致用观念之复活，炎炎不可抑。又海禁既开，所谓"西学"者逐渐输入，始则工艺，次则政制。学者若生息于漆室之中，不知室外更何所有，忽穴一牖外窥，则粲然者皆昔所未睹也，还顾室中，则皆沈黑积秽。于是对外求索之欲日炽，对内厌弃之情日烈。欲破壁以自拔于此黑暗，不得不先对于旧政治而试奋斗，于是以其极幼稚之"西学"知识、与清初启蒙期所谓"经世之学"者相结合，别树一派，向于正统派公然举叛旗矣。此则清学分裂之主要原因也。

二十一

清学分裂之导火线，则经学今古文之争也。

何谓今古文？初，秦始皇焚书，六经绝焉。汉兴，诸儒始渐以其学教授，而亦有派别。《易》则有施（雠）、孟（喜）、梁丘（贺）三家，而同出田何；《书》则有欧阳（生）、大夏侯（胜）、小夏侯（建）三家，而同出伏胜；《诗》则有齐、鲁、韩三家，《鲁诗》出申公，《齐诗》出辕固，《韩诗》出韩婴；《春秋》则惟《公羊传》，有严（彭祖）、颜（安乐）两家，同出胡毋生、董仲舒；《礼》则惟《仪礼》，有大戴（德）、小戴（圣）、庆（普）三家，而同出高堂生。此十四家者，皆汉武帝、宣帝时立于学官，置博士教授，其写本皆用秦汉时通行篆书，谓之今文。《史记·儒林传》所述经学传授止此，所谓十四博士是也。逮西汉之末，则有所谓古文经传出焉。《易》则有费氏，谓东莱人费直所传；《书》则有孔氏，谓孔子裔孔安国发其壁藏所献；《诗》则有毛氏，谓河间献王博士毛公所传；《春秋》则《左氏传》，谓张苍曾以教授；《礼》则有《逸礼》三十九篇，谓鲁共王得自孔子坏宅中；又有《周官》，谓河间献王所得。此诸经传者，皆以科斗文字写，故谓之古文。两汉经师，多不信古文。刘歆屡求以立学官，不得。歆移书让太常博士，谓其"专己守残，党同妒真"者也。王莽擅汉，歆挟莽力立之；光武复废之，东京初叶，信者殊稀。至东汉末，大师服虔、马融、郑玄皆尊习古文，古文学遂大昌。而其时争论焦点，则在《春秋公羊传》。今文大家何休著《左氏膏肓》《穀梁废疾》《公羊墨守》，古文大家郑玄则著《箴膏肓》《起废疾》《发墨守》以驳之。玄既淹博，遍注群经，其后晋杜预、王肃皆衍其绪，今文学遂衰。此两汉时今古文哄争之一大公案也。

南北朝以降，经说学派，只争郑（玄）、王（肃），今古文之争遂熄。唐陆德明著《释文》，孔颖达著《正义》，皆杂宗郑、王。今所传《十三经注疏》者，《易》用王（弼）注，《书》用伪孔（安国）传，《诗》用毛传郑笺，《周礼》《仪礼》《礼记》皆用郑注，《春秋左氏传》用杜（预）注，其余诸经，皆汲晚汉古文家之流。西汉所谓十四博士者，其学说皆亡，仅存者惟《春秋公羊传》之何（休）注而已。自宋以后，程朱等亦遍注诸经，而汉唐注疏废。

入清代则节节复古，顾炎武、惠士奇辈专提倡注疏学，则复于六朝、唐。自阎若璩攻伪《古文尚书》，后证明作伪者出王肃，学者乃重提南北朝郑、王公案，绌王申郑，则复于东汉。乾嘉以来，家家许、郑，人人贾、马，东汉学烂然如日中天矣。悬崖转石，非达于地不止。则西汉今古文旧案，终必须翻腾一度，势则然矣。

二十二

今文学之中心在《公羊》，而《公羊》家言，则真所谓"其中多非常异义可怪之论"（何休《公羊传注自序》），自魏晋以还，莫敢道焉。今《十三经注疏》本，《公羊传》虽用何注，而唐徐彦为之疏，于何义一无发明。《公羊》之成为绝学，垂二千年矣。清儒既遍治古经，戴震弟子孔广森始著《公羊通义》，然不明家法，治今文学者不宗之。

今文学启蒙大师，则武进庄存与也。存与著《春秋正辞》，刊落训诂名物之末，专求所谓"微言大义"者，与戴、段一派所取途径，全然不同。其同县后进刘逢禄继之，著《春秋公羊经传何氏释例》，凡何氏所谓非常异义可怪之论，如"张三世""通三统""绌周王鲁""受命改制"诸义，次第发明。其书亦用科学的归纳研究法，有条贯，有断制，在清人著述中，实最有价值之创作。

段玉裁外孙龚自珍，既受训诂学于段，而好今文，说经宗庄、刘。自珍性诙宕，不检细行，颇似法之卢骚；喜为要眇之思，其文辞俶诡连犿，当时之人弗善也。而自珍益以此自憙，往往引《公羊》义讥切时政，诋排专制；晚岁亦耽佛学，好谈名理。综自珍所学，病在不深入，所有思想，仅引其绪而止，又为瑰丽之辞所掩，意不豁达。虽然，晚清思想之解放，自珍确与有功焉。光绪间所谓新学家者，大率人人皆经过崇拜龚氏之一时期。初读《定庵文集》，若受电然，稍进乃厌其浅薄。然今文学派之开拓，实自龚氏。夏曾佑赠梁启超诗云："瑟人（龚）申受（刘）出方耕（庄），孤绪微茫接董生（仲舒）。"此言"今文学"之渊源最分明。拟诸"正统派"，庄可比顾，龚、刘则阎、胡也。

"今文学"之初期，则专言《公羊》而已，未及他经。然因此知汉代经师家法，今古两派，截然不同；知贾、马、许、郑，殊不足以尽汉学。时辑佚之学正极盛，古经说片语只字，搜集不遗余力，于是研究今文遗说者渐多。冯登府有《三家诗异文疏证》，陈寿祺有《三家诗遗说考》，陈乔枞有《今文尚书经说考》《尚书欧阳夏侯遗说考》《三家诗遗说考》《齐诗翼氏学疏证》，迮鹤寿有《齐诗翼氏学》，然皆不过言家法同异而已，未及真伪问题。道光末，魏源著《诗古微》，始大攻《毛传》及《大小序》，谓为晚出伪作。其言博辩，比于阎氏之《书疏证》，且亦时有新理解。其论《诗》不为美刺而作，谓："美刺固《毛诗》一家之例……作诗者自道其情，情达而止……岂有欢愉哀乐，专为无病代呻者耶？"（《诗古微·齐鲁韩毛异同论中》）此深合"为文艺而作文艺"之旨，直破二千年来文家之束缚。又论诗乐合一，谓："古者乐以诗为体，孔子正乐即正诗。"（同《夫子正乐论》上）皆能自创新见，使古书顿带活气。源又著《书古微》，谓不惟东晋晚出之《古文尚书》（即阎氏所攻者）为伪也，东汉马、郑之古文说，亦非孔安国之旧。同时邵懿辰亦著《礼经通论》，谓《仪礼》十七篇为足本，所谓古文《逸礼》三十九篇者，出刘歆伪造。而刘逢禄故有《左氏春秋考证》，谓：此书本名《左氏春秋》，不名《春秋左氏传》，与《晏子春秋》《吕氏春秋》同性质，乃记事之书，非解经之书；其解经者，皆刘歆所窜入，《左氏传》之名，亦歆所伪创。

盖自刘书出而《左传》真伪成问题，自魏书出而《毛诗》真伪成问题，自邵书出而《逸礼》真伪成问题。若《周礼》真伪，则自宋以来成问题久矣。初时诸家不过各取一书为局部的研究而已，既而寻其系统，则此诸书者，同为西汉末出现，其传授端绪，俱不可深考，同为刘歆所主持争立。质言之，则所谓古文诸经传者，皆有连带关系，真则俱真，伪则俱伪。于是将两汉今古文之全案，重提覆勘，则康有为其人也。

今文学之健者，必推龚、魏。龚、魏之时，清政既渐陵夷衰微矣，举国方沈酣太平，而彼辈若不胜其忧危，恒相与指天画地，规天下大计。考证之学，本非其所好也，而因众所共习，则亦能之；能之而颇欲用以别辟国土，故虽言经学，而其精神与正统派之为经学而治经学者则既有以异。自珍、源皆好作经济谈，而最注意边事。自珍作《西域置行省议》，至光绪间实行，则今新疆也，又著《蒙古图志》，研究蒙古政俗而附以论议（未刻）。源有《元史》，有《海国图志》。治域外地理者，源实为先驱。故后之治今文学者，喜以经术作政论，则龚、魏之遗风也。

二十三

今文学运动之中心，曰南海康有为。然有为盖斯学之集成者，非其创作者也。有为早年，酷好《周礼》，尝贯穴之著《政学通议》，后见廖平所著书，乃尽弃其旧说。平，王闿运弟子。闿运以治《公羊》闻于时，然故文人耳，经学所造甚浅，其所著《公羊笺》，尚不逮孔广森。平受其学，著《四益馆经学丛书》十数种，颇知守今文家法。晚年受张之洞贿逼，复著书自驳。其人固不足道，然有为之思想，受其影响，不可诬也。

有为最初所著书曰:《新学伪经考》。"伪经"者，谓《周礼》《逸礼》《左传》及《诗》之毛传，凡西汉末刘歆所力争立博士者。"新学"者，谓新莽之学。时清儒诵法许、郑者，自号曰"汉学"。有为以为此新代之学，非汉代之学，故更其名焉。《新学伪经考》之要点：一、西汉经学，并无所谓古文者，凡古文皆刘歆伪作。二、秦焚书，并未厄及六经，汉十四博士所传，皆孔门足本，并无残缺。三、孔子时所用字，即秦汉间篆书，即以"文"论，亦绝无今古之目。四、刘歆欲弥缝其作伪之迹，故校中秘书时，于一切古书多所羼乱。五、刘歆所以作伪经之故，因欲佐莽篡汉，先谋湮乱孔子之微言大义。诸所主张，是否悉当，且勿论，要之此说一出，而所生影响有二：第一，清学正统派之

072

立脚点，根本摇动；第二，一切古书，皆须从新检查估价。此实思想界之一大飓风也。

有为弟子有陈千秋、梁启超者，并夙治考证学，陈尤精洽；闻有为说，则尽弃其学而学焉。《伪经考》之著，二人者多所参与，亦时时病其师之武断，然卒莫能夺也。实则此书大体皆精当，其可议处乃在小节目。乃至谓《史记》《楚辞》经刘歆羼入者数十条，出土之钟鼎彝器，皆刘歆私铸埋藏以欺后世。此实为事理之万不可通者，而有为必力持之。实则其主张之要点，并不必借重于此等枝词强辩而始成立，而有为以好博好异之故，往往不惜抹杀证据或曲解证据，以犯科学家之大忌，此其所短也。

有为之为人也，万事纯任主观，自信力极强，而持之极毅。其对于客观的事实，或竟蔑视，或必欲强之以从我。其在事业上也有然，其在学问上也亦有然；其所以自成家数、崛起一时者以此，其所以不能立健实之基础者亦以此；读《新学伪经考》而可见也。

《新学伪经考》出甫一年，遭清廷之忌，毁其板，传习颇稀。其后有崔适者，著《史记探原》《春秋复始》二书，皆引申有为之说，益加精密，今文派之后劲也。

有为第二部著述，曰《孔子改制考》。其第三部著述，曰《大同书》。若以《新学伪经考》比飓风，则此二书者，其火山大喷火也，其大地震也。

有为之治《公羊》也，不斷斷于其书法义例之小节，专求其微言大义，即何休所谓非常异义可怪之论者。定《春秋》为孔子改制创作之书，谓文字不过其符号，如电报之密码，如乐谱之音符，非口授不能明。又不惟《春秋》而已，凡六经皆孔子所作，昔人言孔子删述者误也。孔子盖自立一宗旨而凭之以进退古人去取古籍。孔子改制，恒托于古。尧舜者，孔子所托也，其人有无不可知；即有，亦至寻常；经典中尧舜之盛德大业，皆孔子理想上所构成也。又不惟孔子而已，周秦诸子罔不改制，罔不托古。

老子之托黄帝，墨子之托大禹，许行之托神农，是也。近人祖述何休以治《公羊》者，若刘逢禄、龚自珍、陈立辈，皆言改制，而有为之说，实与彼异。有为所谓改制者，则一种政治革命、社会改造的意味也，故喜言"通三统"。"三统"者，谓夏、商、周三代不同，当随时因革也。喜言"张三世"，"三世"者，谓据乱世、升平世、太平世，愈改而愈进也。有为政治上"变法维新"之主张，实本于此。有为谓孔子之改制，上掩百世，下掩百世，故尊之为教主；误认欧洲之尊景教为治强之本，故恒欲侪孔子于基督，乃杂引谶纬之言以实之；于是有为心目中之孔子，又带有"神秘性"矣。《孔子改制考》之内容，大略如此；其所及于思想界之影响，可得言焉。

一、教人读古书，不当求诸章句训诂名物制度之末，当求其义理。所谓义理者，又非言心言性，乃在古人创法立制之精意。于是汉学、宋学，皆所吐弃，为学界别辟一新殖民地。

二、语孔子之所以为大，在于建设新学派（创教），鼓舞人创作精神。

三、《伪经考》既以诸经中一大部分为刘歆所伪托，《改制考》复以真经之全部分为孔子托古之作，则数千年来共认为神圣不可侵犯之经典，根本发生疑问，引起学者怀疑批评的态度。

四、虽极力推挹孔子，然既谓孔子之创学派与诸子之创学派，同一动机，同一目的，同一手段，则已夷孔子于诸子之列。所谓"别黑白定一尊"之观念，全然解放，导人以比较的研究。

二十四

右两书皆有为整理旧学之作，其自身所创作，则《大同书》也。

初，有为既从学于朱次琦毕业，退而独居西樵山者两年，专为深沈之思，穷极天人之故，欲自创一学派，而归于经世之用。有为以《春秋》"三世"之义说《礼运》，谓"升平世"为"小康"，"太平世"为"大同"。《礼运》之言曰："大道之行也，天下为公，选贤与能，讲信修睦。故人不独亲其亲，不独子其子；使老有所归，壮有所用，幼有所长，鳏寡孤独废疾者皆有所养；男有分，女有归，货恶其弃于地也，不必藏诸己，力恶其不出于身也，不必为己……是谓大同。"此一段者，以今语释之，则民治主义存焉（天下……与能），国际联合主义存焉（讲信修睦），儿童公育主义存焉（故人不……其子），老病保险主义存焉（使老有……有所养），共产主义存焉（货恶……藏诸己），劳作神圣主义存焉（力恶……为己）。有为谓此为孔子之理想的社会制度，谓《春秋》所谓"太平世"者即此，乃衍其条理为书，略如左：

一、无国家，全世界置一总政府，分若干区域。

二、总政府及区政府皆由民选。

三、无家族，男女同栖不得逾一年，届期须易人。

四、妇女有身者入胎教院，儿童出胎者入育婴院。

五、儿童按年入蒙养院，及各级学校。

六、成年后由政府指派分任农工等生产事业。

七、病则入养病院，老则入养老院。

八、胎教、育婴、蒙养、养病、养老诸院，为各区最高之设备，入者得最高之享乐。

九、成年男女，例须以若干年服役于此诸院，若今世之兵役然。

十、设公共宿舍、公共食堂，有等差，各以其劳作所入自由享用。

十一、警惰为最严之刑罚。

十二、学术上有新发明者，及在胎教等五院有特别劳绩者，得殊奖。

十三、死则火葬，火葬场比邻为肥料工厂。

《大同书》之条理略如是。全书数十万言，于人生苦乐之根原，善恶之标准，言之极详辩，然后说明其立法之理由。其最要关键，在毁灭家族。有为谓佛法出家，求脱苦也，不如使其无家可出；谓私有财产为争乱之源，无家族则谁复乐有私产？若夫国家，则又随家族而消灭者也。有为悬此鹄为人类进化之极轨，至其当由何道乃能致此？则未尝言。其第一眼目所谓男女同栖当立期限者，是否适于人性，则亦未甚能自完其说。虽然，有为著此书时，固一无依傍，一无剿袭，在三十年前，而其理想与今世所谓世界主义、社会主义者多合符契，而陈义之高且过之。呜呼！真可谓豪杰之士也已。

有为虽著此书，然秘不以示人，亦从不以此义教学者，谓今方为"据乱"之世，只能言小康，不能言大同，言则陷天下于洪水猛兽。其弟子最初得读此书者，惟陈千秋、梁启超，读则大乐，锐意欲宣传其一部分。有为弗善也，而亦不能禁其所为，后此万木草堂学徒多言大同矣。而有为始终谓当以小康义救今世，对于政治问题，对于社会道德问题，皆以维持旧状为职志。自发明一种新理想，自认为至善至美，然不愿其实现，且竭全力以抗之遏之；人类秉性之奇诡，度无以过是者。有为当中日战彼后，纠合青年学子数千人上书言时事，所谓"公车上书"者是也。中国之有"群众的政治运动"，实自此始。然有为既欲实行其小康主义的政治，不能无所求于人，终莫之能用，屡遭窜逐。而后辈多不喜其所为，相与诋诃之。有为亦果于自信，而轻视后辈，益为顽旧之态以相角。今老矣，殆不复与世相闻问，遂使国中有一大思想家，而国人不蒙其泽，悲夫！启超屡请印布其《大同书》，久不许，卒乃印诸《不忍杂志》中，仅三之一，杂志停版，竟不继印。

二十五

对于"今文学派"为猛烈的宣传运动者，则新会梁启超也。

启超年十三，与其友陈千秋同学于学海堂，治戴、段、王之学。千秋所以辅益之者良厚。越三年，而康有为以布衣上书被放归，举国目为怪。千秋、启超好奇，相将谒之，一见大服，遂执业为弟子，共请康开馆讲学，则所谓万木草堂是也。二人者学数月，则以其所闻昌言于学海堂，大诋诃旧学，与长老侪辈辩诘无虚日。有为不轻以所学授人。草堂常课，除《公羊传》外，则点读《资治通鉴》《宋元学案》《朱子语类》等，又时时习古礼。千秋、启超弗嗜也，则相与治周秦诸子及佛典，亦涉猎清儒经济书及译本西籍，皆就有为决疑滞。居一年，乃闻所谓"大同义"者，喜欲狂，锐意谋宣传。有为谓非其时，然不能禁也。又二年，而千秋卒（年二十二），启超益独力自任。

启超治《伪经考》，时复不慊于其师之武断，后遂置不复道。其师好引纬书，以神秘性说孔子，启超亦不谓然。启超谓孔门之学，后衍为孟子、荀卿两派，荀传小康，孟传大同；汉代经师，不问今文家古文家，皆出荀卿（汪中说）；二千年间，宗派屡变，壹皆盘旋荀学肘下，孟学绝而孔学亦衰。于是专以绌荀申孟为标帜，引《孟子》中诛责"民贼""独夫""善战服上刑""授田制产"诸义，谓为大同精意所寄，日倡道之；又好《墨子》，诵说其"兼爱""非攻"诸论。启超屡游京师，渐交当世士大夫，而其讲学最契之友，曰夏曾佑、谭嗣同。曾佑方治龚、刘今文学，每发一义，辄相视莫逆。其后启超亡命日本，曾佑赠以诗，中有句曰："……冥冥兰陵（荀卿）门，万鬼头如蚁，质多（魔鬼）举只手，阳乌为之死。袒裼往暴之，一击类执豕，酒酣掷杯起，跌宕笑相视。颇谓宙合间，只此足欢喜。……"此可想见当时彼辈"排荀"运动，实有一种元气淋漓景象。嗣同方治王夫之之学，喜谈名理，谈经济，及交启超，亦盛言大同，运动尤烈（详次节）。而启超之学，受夏、谭影响亦至巨。

其后启超等之运动，益带政治的色彩。启超创一旬刊杂志于上海，曰《时务报》。自著《变法通议》，批评秕政，而救敝之法，归于废科举、兴学校，亦时时发"民权论"，但微引其绪，未敢昌言。

已而嗣同与黄遵宪、熊希龄等，设时务学堂于长沙，聘启超主讲席，唐才常等为助教。启超至，以《公羊》《孟子》教，课以札记，学生仅四十人，而李炳寰、林圭、蔡锷称高才生焉。启超每日在讲堂四小时，夜则批答诸生札记，每条或至千言，往往彻夜不寐。所言皆当时一派之民权论，又多言清代故实，胪举失政，盛倡革命。其论学术，则自荀卿以下汉、唐、宋、明、清学者，掊击无完肤。时学生皆住舍，不与外通，堂内空气日日激变，外间莫或知之。及年假，诸生归省，出札记示亲友，全湘大哗。先是嗣同、才常等，设"南学会"聚讲，又设《湘报》（日刊）、《湘学报》（旬刊），所言虽不如学堂中激烈，实阴相策应。又窃印《明夷待访录》《扬州十日记》等书，加以案语，秘密分布，传播革命思想，信奉者日众，于是湖南新旧派大哄。叶德辉著《翼教丛编》数十万言，将康有为所著书，启超所批学生札记，及《时务报》《湘报》《湘学报》诸论文，逐条痛斥。而张之洞亦著《劝学篇》，旨趣略同。

戊戌政变前，某御史胪举札记批语数十条指斥清室、鼓吹民权者具摺揭参，卒兴大狱。嗣同死焉，启超亡命，才常等被逐，学堂解散。盖学术之争，延为政争矣。

启超既亡居日本，其弟子李、林、蔡等弃家从之者十有一人，才常亦数数往来，共图革命。积年余，举事于汉口，十一人者先后归，从才常死者六人焉。启超亦自美洲驰归，及上海而事已败。自是启超复专以宣传为业，为《新民丛报》《新小说》等诸杂志，畅其旨义，国人竞喜读之；清廷虽严禁，不能遏；每一册出，内地翻刻本辄十数。二十年来学子之思想，颇蒙其影响。

启超夙不喜桐城派古文，幼年为文，学晚汉魏晋，颇尚矜炼，至是自解放，务为平易畅达，时杂以俚语韵语及外国语法，纵笔所至不检束，学者竞效之，号新文体。老辈则痛恨，诋为野狐。然其文条理明晰，笔锋常带情感，对于读者，别有一种魔力焉。

二十六

启超既日倡革命排满共和之论，而其师康有为深不谓然，屡责备之，继以婉劝，两年间函札数万言。启超亦不慊于当时革命家之所为，惩羹而吹齑，持论稍变矣。然其保守性与进取性常交战于胸中，随感情而发，所执往往前后相矛盾，尝自言曰："不惜以今日之我，难昔日之我。"世多以此为诟病，而其言论之效力亦往往相消，盖生性之弱点然矣。

启超自三十以后，已绝口不谈"伪经"，亦不甚谈"改制"。而其师康有为大倡设孔教会定国教祀天配孔诸义，国中附和不乏。启超不谓然，屡起而驳之，其言曰：

> "我国学界之光明，人物之伟大，莫盛于战国，盖思想自由之明效也。及秦始皇焚百家之语，而思想一窒；汉武帝表章六艺、罢黜百家，而思想又一窒。自汉以来，号称行孔教二千余年于兹矣，而皆持所谓表章某某、罢黜某某者为一贯之精神。故正学异端有争，今学古学有争，言考据则争师法，言性理则争道统，各自以为孔教，而排斥他人以为非孔教。……寖假而孔子变为董江都、何邵公矣，寖假而孔子变为马季长、郑康成矣，寖假而孔子变为韩退之、欧阳永叔矣，寖假而孔子变为程伊川、朱晦庵矣，寖假而孔子变为陆象山、王阳明矣，寖

假而孔子变为顾亭林、戴东原矣，皆由思想束缚于一点，不能自开生面。如群猿得一果，跳掷以相攫，如群妪得一钱，诟詈以相夺，情状抑何可怜？……此二千年来保教党所生之结果也。……"（壬寅年《新民丛报》）

又曰：

"今之言保教者，取近世新学新理而缘附之，曰：某某孔子所已知也，某某孔子所曾言也。……然则非以此新学新理厘然有当于吾心而从之也，不过以其暗合于我孔子而从之耳。是所爱者，仍在孔子，非在真理也。万一遍索诸四书六经而终无可比附者，则将明知为真理而亦不敢从矣。万一吾所比附者，有人剔之，曰孔子不如是，斯亦不敢不弃之矣。若是乎真理之终不能饷遗我国民也。故吾所恶乎舞文贱儒，动以西学缘附中学者，以其名为开新，实则保守，煽思想界之奴性而滋益之也。"（同上）

又曰：

"摭古书片词单语以附会今义，最易发生两种流弊。一、倘所印证之义，其表里适相吻合，善已；若稍有牵合附会，则最易导国民以不正确之观念，而缘郢书燕说以滋弊。例如畴昔谈立宪谈共和者，偶见经典中某字某句，与立宪共和等字义略相近，辄摭拾以沾沾自喜，谓此制为我所固有。其实今世共和立宪制度之为物，即泰西亦不过起于近百年，求诸彼古代之希腊罗马且不可得，遑论我国？而比附之言，传播既广，则能使多数人之眼光之思想，见局见缚于所比附之文句，以为所谓立宪共和者不过如是，而不复追求其真义之所存。……此等结习，最易为国民研究实学之魔障。二、劝人行此制，告之曰，吾先哲所尝行也；劝人治此学，告之曰，吾先哲所尝治也；其势较易入，固也。然频以此相诏，则人于先哲未尝行之制，辄疑其不可行，于先哲未尝治之学，辄疑其不当治。无形之中，恒足以增其故见自满之习，而障其择善服从之明。……吾雅不愿采撷隔墙桃李之繁葩，缀结于吾家杉松之老干，而沾沾自鸣得意。吾诚爱桃李也，惟当思所以

移植之，而何必使与杉松淆其名实者。"（乙卯年《国风报》）

此诸论者，虽专为一问题而发，然启超对于我国旧思想之总批判，及其所认为今后新思想发展应遵之途径，皆略见焉。中国思想之痼疾，确在"好依傍"与"名实混淆"。若援佛入儒也，若好造伪书也，皆原本于此等精神。以清儒论，颜元几于墨矣，而必自谓出孔子；戴震全属西洋思想，而必自谓出孔子；康有为之大同，空前创获，而必自谓出孔子。及至孔子之改制，何为必托古？诸子何为皆托古？则亦依傍混淆也已。此病根不拔，则思想终无独立自由之望。启超盖于此三致意焉。然持论既屡与其师不合，康、梁学派遂分。

启超之在思想界，其破坏力确不小，而建设则未有闻。晚清思想界之粗率浅薄，启超与有罪焉。启超常称佛说，谓"未能自度，而先度人，是为菩萨发心"。故其生平著作极多，皆随有所见，随即发表。彼尝言："我读到'性本善'，则教人以'人之初'而已。"殊不思"性相近"以下尚未读通，恐并"人之初"一句亦不能解。以此教人，安见其不为误人？启超平素主张，谓须将世界学说为无制限的尽量输入，斯固然矣。然必所输入者确为该思想之本来面目，又必具其条理本末，始能供国人切实研究之资，此其事非多数人专门分担不能。启超务广而荒，每一学稍涉其樊，便加论列，故其所述著，多模糊影响笼统之谈，甚者纯然错误，及其自发现而自谋矫正，则已前后矛盾矣！

平心论之，以二十年前思想界之闭塞萎靡，非用此种卤莽疏阔手段，不能烈山泽以辟新局。就此点论，梁启超可谓新思想界之陈涉。虽然，国人所责望于启超不止此。以其人本身之魄力，及其三十年历史上所积之资格，实应为我新思想界力图缔造一开国规模。若此人而长此以自终，则在中国文化史上，不能不谓为一大损失也。

启超与康有为最相反之一点，有为太有成见，启超太无成见。其应事也有然，去治学也亦有然。有为常言："吾学三十岁已成，此后不复有进，亦不必求进。"启超不然，常自觉其学未成，且忧其不成，数十年日在旁皇求索中。故有为之学，在今日可以论定；启超之学，则未能论定。然启超以太无成见之故，往往徇物而夺其所守，其创造力不逮有为，殆可断言矣。

启超"学问欲"极炽，其所嗜之种类亦繁杂，每治一业，则沈溺焉，集中精力，尽抛其他；历若干时日，移于他业，则又抛其前所治者。以集中精力故，故常有所得；以移时而抛故，故入焉而不深。彼尝有诗题其女令娴《艺蘅馆日记》云："吾学病爱博，是用浅且芜；尤病在无恒，有获旋失诸；百凡可效我，此二无我如。"可谓有自知之明。启超虽自知其短，而改之不勇，中间又屡为无聊的政治活动所牵率，耗其精而荒其业。识者谓启超若能永远绝意政治，且裁敛其学问欲，专精于一二点，则于将来之思想界尚更有所贡献，否则亦适成为清代思想史之结束人物而已。

二十七

晚清思想界有一彗星，曰浏阳谭嗣同。

嗣同幼好为骈体文，缘是以窥"今文学"，其诗有"汪（中）魏（源）龚（自珍）王（闿运）始是才"之语，可见其向往所自。又好王夫之之学，喜谈名理。自交梁启超后，其学一变。自从杨文会闻佛法，其学又一变。尝自哀其少作诗文刻之，题曰《东海褰冥氏三十以前旧学》，示此后不复事此矣。其所谓"新学"之著作，则有《仁学》，亦题曰"台湾人所著书"，盖中多讥切清廷，假台人抒愤也。书成，自藏其稿，而写一副本畀其友梁启超；启超在日本印布之，始传于世。《仁学自叙》曰：

> "吾将哀号流涕，强聒不舍，以速其冲决网罗。冲决利禄之网罗，冲决俗学若考据若词章之网罗，冲决全球群学群教之网罗，冲决君主之网罗，冲决伦常之网罗，冲决天之网罗。……然既可冲决，自无网罗；真无网罗，乃可言冲决。……"

《仁学》内容之精神，大略如是。英奈端倡"打破偶像"之论，遂启近代科学。嗣同之"冲决罗网"，正其义也。《仁学》之作，欲将科学、哲学、宗教冶为一炉，而更使适于人生之用，真可谓极大胆极辽远之一种计划。此计划，吾不敢谓终无成立之望，然以现在全世界学术进步之大势观之，则似为期尚早，况在嗣同当时之中国耶？

嗣同幼治算学，颇深造，亦尝尽读所谓"格致"类之译书，将当时所能有之科学知识，尽量应用。又治佛教之"唯识宗""华严宗"，用以为思想之基础，而通之以科学。又用今文学家"太平""大同"之义，以为"世法"之极轨，而通之于佛教。嗣同之书，盖取资于此三部分，而组织之以立己之意见。其驳杂幼稚之论甚多，固无庸讳，其尽脱旧思想之束缚，戞戞独造，则前清一代，未有其比也。

嗣同根本的排斥尊古观念，尝曰："古而可好，则何必为今之人哉！"（《仁学》卷上）对于中国历史，下一总批评曰："二千年来之政，秦政也，皆大盗也；二千年来之学，荀学也，皆乡愿也；惟大盗利用乡愿，惟乡愿工媚大盗。"（《仁学》卷下）当时谭、梁、夏一派之论调，大约以此为基本，而嗣同尤为悍勇。其《仁学》所谓冲决罗网者，全书皆是也，不可悉举，姑举数条为例。

嗣同明目张胆以诋名教，其言曰：

> "俗学陋行，动言名教……以名为教，则其教已为实之宾，而决非实也。又况名者由人创造，上以制其下而下不能不奉之，则数千年三纲五常之惨祸酷毒由此矣。……如曰'仁'，则共名也，君父以责臣子，臣子亦可反之君父，于箝制之术不便，故不能不有'忠孝廉节'一切分别等衰之名。……忠孝既为臣子之专名，则终不能以此反之，虽或他有所据，意欲诘诉，而终不敢忠孝之名为名教之所尚。……名之所在，不惟关其口使不敢昌言，乃并锢其心使不敢涉想。……"

嗣同对于善恶，有特别见解，谓"天地间无所谓恶，恶者名耳，非实也"，谓"俗儒以天理为善，人欲为恶，不知无人欲安得有天理"。彼欲申其"恶由名起"说，乃有极诡僻之论，曰：

　　"恶莫大淫杀。……男女构精名淫，此淫名也。淫名亦生民以来沿习既久，名之不改，习谓为恶。向使生民之始，即相习以淫为朝聘宴飨之巨典，行诸朝庙，行诸都市，行诸稠人广众，如中国之长揖拜跪，西国之抱腰接吻，则孰知为恶者？戕害生命名杀，此杀名也。然杀为恶，则凡杀皆当为恶。人不当杀，则凡虎狼牛马鸡豚，又何当杀者，何以不并名恶也？或曰，'人与人同类耳'。然则虎狼于人不同类也，虎狼杀人，则名虎狼为恶；人杀虎狼，何以不名人为恶也？……"

　　此等论调，近于诡辩矣，然其怀疑之精神，解放之勇气，正可察见。

　　《仁学》下篇，多政治谈。其篇首论国家起原及民治主义（文不具引），实当时谭、梁一派之根本信条，以殉教的精神力图传播者也。由今观之，其论亦至平庸，至疏阔。然彼辈当时，并卢骚《民约论》之名亦未梦见，而理想多与暗合，盖非思想解放之效不及此。其鼓吹排满革命也，词锋锐不可当，曰：

　　"天下为君主私产，不始今日……然而有知辽、金、元、清之罪，浮于前此君主者乎？其土则秽壤也，其人则膻种也，其心则禽心也，其俗则毳俗也。逞其凶残淫杀，攫取中原子女玉帛……犹以为未餍。锢其耳目，桎其手足，压其心思，挫其气节。……方命曰：此食毛践土之分然也。夫果谁食谁之毛？谁践谁之土？……"

　　又曰："吾华人慎毋言华盛顿、拿破仑矣，志士仁人，求为陈涉、杨玄感，以供圣人之驱除，死无憾焉。若机无可乘，则莫若为任侠（暗杀），亦足以伸民气，倡勇敢之风。"此等言论，著诸竹帛，距后此"同盟会""光复会"等之起，盖十五六年矣。

　　《仁学》之政论，归于"世界主义"，其言曰："春秋大一统之义，天地间不当有国也。"又曰："不惟发愿救本国，并彼极盛之西国与夫含生之类，一切皆度之……不可自言为某国人，当平视万国，皆其国，皆其民。"篇中此类之论，不一而足，皆当时今文学派所日倡道者。其后梁启超居东，渐染欧、日俗论，乃盛倡褊狭的国家主义，惭其死友矣。

嗣同遇害，年仅三十三。使假以年，则其学将不能测其所至。仅留此区区一卷，吐万丈光芒，一瞥而逝，而扫荡廓清之力莫与京焉，吾故比诸彗星。

二十八

在此清学蜕分与衰落期中，有一人焉能为正统派大张其军者，曰：余杭章炳麟。

炳麟少受学于俞樾，治小学极谨严，然固浙东人也，受全祖望、章学诚影响颇深，大究心明清间掌故，排满之信念日烈。

炳麟本一条理缜密之人，及其早岁所作政谈，专提倡单调的"种族革命论"，使众易喻，故鼓吹之力綦大。中年以后，究心佛典，治《俱舍》《唯识》，有所入。既亡命日本，涉猎西籍，以新知附益旧学，日益闳肆。其治小学，以音韵为骨干，谓文字先有声然后有形，字之创造及其孳乳，皆以音衍。所著《文始》及《国故论衡》中论文字音韵诸篇，其精义多乾嘉诸老所未发明。应用正统派之研究法，而廓大其内容延辟其新径，实炳麟一大成功也。

炳麟用佛学解老庄，极有理致，所著《齐物论释》，虽间有牵合处，然确能为研究"庄子哲学"者开一新国土。其《菿汉微言》，深造语极多。其余《国故论衡》《检论》《文录》诸篇，纯驳互见。尝自述治学进化之迹，曰：

"少时治经，谨守朴学，所疏通证明者，在文学器数之间。

虽尝博观诸子，略识微言，亦随顺旧义耳。……继阅佛藏，涉猎《华严》《法华》《涅槃》诸经，义解渐深，卒未窥其究竟。及囚系上海，专修慈氏世亲之书。此一术也，以分析名相始，以排遣名相终。从入之途，与平生朴学相似，易于契机。……

"……讲说许书，一旦解寤，昭然见语言文字本原，于是初为《文始》。……由是所见与笺疏琐碎者殊矣。

"为诸生说《庄子》，旦夕比度，遂有所得，端居深观而释《齐物》，乃与《瑜伽》《华严》相会。……

"自揣平生学术，始则转俗成真，终乃回真向俗。……秦汉以来，依违于彼是之间，局促于一曲之内，盖未尝睹是也。……"（《菿汉微言》卷末）

其所自述，殆非溢美。盖炳麟中岁以后所得，固非清学所能限矣。其影响于近年来学界者亦至巨。虽然，炳麟谨守家法之结习甚深，故门户之见，时不能免，如治小学排斥钟鼎文龟甲文，治经学排斥"今文派"，其言常不免过当。而对于思想解放之勇决，炳麟或不逮今文家也。

二十九

　　自明徐光启、李之藻等广译算学、天文、水利诸书，为欧籍入中国之始，前清学术，颇蒙其影响，而范围亦限于天算。

　　"鸦片战役"以后，渐怵于外患。洪杨之役，借外力平内难，益震于西人之"船坚炮利"。于是上海有制造局之设，附以广方言馆，京师亦设同文馆，又有派学生留美之举，而目的专在养成通译人才，其学生之志量，亦莫或逾此。故数十年中，思想界无丝毫变化。惟制造局中尚译有科学书二三十种，李善兰、华蘅芳、赵仲涵等任笔受。其人皆学有根柢，对于所译之书，责任心与兴味皆极浓重，故其成绩略可比明之徐、李。而教会之在中国者，亦颇有译书。光绪间所为"新学家"者，欲求知识于域外，则以此为枕中鸿秘。盖"学问饥饿"，至是而极矣。

　　甲午丧师，举国震动，年少气盛之士，疾首扼腕言"维新变法"，而疆吏若李鸿章、张之洞辈，亦稍稍和之。而其流行语，则有所谓"中学为体，西学为用"者，张之洞最乐道之，而举国以为至言。盖当时之人，绝不承认欧美人除能制造能测量能驾驶能操练之外，更有其他学问，而在译出西书中求之，亦确无他种学问可见。康有为、梁启超、谭嗣同辈，即生育于此种"学问饥荒"之环境中，冥思枯索，欲以构成一种"不中不西即中即西"

之新学派，而已为时代所不容。盖固有之旧思想，既深根固蒂，而外来之新思想，又来源浅觳，汲而易竭，其支绌灭裂，固宜然矣。

戊戌政变，继以庚子拳祸，清室衰微益暴露。青年学子，相率求学海外，而日本以接境故，赴者尤众。壬寅、癸卯间，译述之业特盛，定期出版之杂志不下数十种。日本每一新书出，译者动数家。新思想之输入，如火如荼矣。然皆所谓"梁启超式"的输入，无组织，无选择，本末不具，派别不明，惟以乡为贵，而社会亦欢迎之。盖如久处灾区之民，草根木皮，冻雀腐鼠，罔不甘之，朵颐大嚼，其能消化与否不问，能无召病与否更不问也，而亦实无卫生良品足以为代。

时独有侯官严复，先后译赫胥黎《天演论》，斯密亚丹《原富》，穆勒约翰《名学》《群己权界论》，孟德斯鸠《法意》，斯宾塞《群学肄言》等数种，皆名著也。虽半属旧籍，去时势颇远，然西洋留学生与本国思想界发生关系者，复其首也。亦有林纾者，译小说百数十种，颇风行于时，然所译本率皆欧洲第二三流作者。纾治桐城派古文，每译一书，辄"因文见道"，于新思想无与焉。

晚清西洋思想之运动，最大不幸者一事焉，盖西洋留学生殆全体未尝参加于此运动。运动之原动力及其中坚，乃在不通西洋语言文字之人。坐此为能力所限，而稗贩、破碎、笼统、肤浅、错误诸弊，皆不能免。故运动垂二十年，卒不能得一健实之基础，旋起旋落，为社会所轻。就此点论，则畴昔之西洋留学生，深有负于国家也。

而一切所谓"新学家"者，其所以失败，更有一总根原，曰不以学问为目的而以为手段。时主方以利禄饵诱天下，学校一变名之科举，而新学亦一变质之八股。学子之求学者，其什中八九，动机已不纯洁，用为"敲门砖"，过时则抛之而已。此其劣下者，可勿论。其高秀者，则亦以"致用"为信条，谓必出所学举而措之，乃为无负。殊不知凡学问之为物，实应离"致用"

之意味而独立生存，真所谓"正其谊不谋其利，明其道不计其功"。质言之，则有"书呆子"，然后有学问也。晚清之新学家，欲求其如盛清先辈具有"为经学而治经学"之精神者，渺不可得，其不能有所成就，亦何足怪？故光、宣之交，只能谓为清学衰落期，并新思想启蒙之名，亦未敢轻许也。

三十

晚清思想家有一伏流，曰佛学。

前清佛学极衰微，高僧已不多；即有，亦于思想界无关系。其在居士中，清初王夫之颇治相宗，然非其专好。至乾隆时，则有彭绍升、罗有高，笃志信仰。绍升尝与戴震往复辨难（《东原集》）。其后龚自珍受佛学于绍升（《定庵文集》有《知归子赞》。知归子即绍升），晚受菩萨戒。魏源亦然，晚受菩萨戒，易名承贯，著《无量寿经会译》等书。龚、魏为"今文学家"所推奖，故"今文学家"多兼治佛学。

石埭杨文会，少曾佐曾国藩幕府，复随曾纪泽使英，夙栖心内典，学问博而道行高。晚年息影金陵，专以刻经弘法为事。至宣统三年武汉革命之前一日圆寂。文会深通"法相""华严"两宗，而以"净土"教学者。学者渐敬信之。谭嗣同从之游一年，本其所得以著《仁学》，尤常鞭策其友梁启超。启超不能深造，顾亦好焉，其所著论，往往推挹佛教。康有为本好言宗教，往往以己意进退佛说。章炳麟亦好法相宗，有著述。故晚清所谓新学家者，殆无一不与佛学有关系，而凡有真信仰者率皈依文会。

经典流通既广，求习较易，故研究者日众。就中亦分两派，则哲学的研究，与宗教的信仰也。西洋哲学既输入，则对于印度哲学，自然引起连带的兴味。而我国人历史上与此系之哲学因缘极深，研究自较易，且亦对于全世界文化应负此种天职，有志者颇思自任焉。然其人极稀，其事业尚无可称述。社会既屡更丧乱，厌世思想，不期而自发生，对于此恶浊世界，生种种烦懑悲哀，欲求一安心立命之所；稍有根器者，则必遁逃而入于佛。佛教本非厌世，本非消极，然真学佛而真能赴以积极精神者，谭嗣同外，殆未易一二见焉。

学佛既成为一种时代流行，则依附以为名高者出焉。往往有夙昔稔恶或今方在热中弃竞中者，而亦自托于学佛，今日听经打坐，明日黩货陷人。净宗他力横超之教，本有"带业往生"一义。稔恶之辈，断章取义，日日勇于为恶，恃一声"阿弥陀佛"，谓可湔拔无余，直等于"罗马旧教"极敝时，忏罪与犯罪，并行不悖。又中国人中迷信之毒本甚深，及佛教流行，而种种邪魔外道惑世诬民之术，亦随而复活，乩坛盈城，图谶累牍。佛弟子曾不知其为佛法所诃，为之推波助澜，甚至以二十年前新学之巨子，犹津津乐道之。率此不变，则佛学将为思想界一大障，虽以吾辈夙尊佛法之人，亦结舌不敢复道矣。

蒋方震曰："欧洲近世史之曙光，发自两大潮流。其一，希腊思想复活，则'文艺复兴'也；其二，原始基督教复活，则'宗教改革'也。我国今后之新机运，亦当从两途开拓，一为情感的方面，则新文学新美术也；一为理性的方面，则新佛教也。"（《欧洲文艺复兴史》自序）吾深韪其言。中国之有佛教，虽深恶之者终不能遏绝之，其必常为社会思想之重要成分，无可疑也。其益社会耶？害社会耶？则视新佛教徒能否出现而已。

更有当附论者，曰基督教。基督教本与吾国民性不近，故其影响甚微。其最初传来者，则旧教之"耶稣会"一派也，明士大夫徐光启辈，一时信奉。入清转衰，重以教案屡起，益滋人厌。新教初来，亦受其影响。其后国人渐相安，而教力在欧洲已日杀矣。各派教会在国内事业颇多，尤注意教育，然皆竺旧，乏精神。对于数次新思想之运动，毫未参加，而间接反有阻力焉。基督教之在清代，可谓无咎无誉，今后不改此度，则亦归于淘汰而已。

三十一

前清一代学风，与欧洲文艺复兴时代相类甚多。其最相异之一点，则美术文学不发达也。

清之美术（画）虽不能谓甚劣于前代，然绝未尝向新方面有所发展，今不深论。

其文学，以言夫诗，真可谓衰落已极。吴伟业之靡曼，王士祯之脆薄，号为开国宗匠。乾隆全盛时，所谓袁（枚）、蒋（士铨）、赵（翼）三大家者，臭腐殆不可向迩。诸经师及诸古文家，集中多亦有诗，则极拙劣之砌韵文耳。嘉道间，龚自珍、王昙、舒位，号称新体，则粗犷浅薄。成同后，竞宗宋诗，只益生硬，更无余味。其稍可观者，反在生长僻壤之黎简、郑珍辈，而中原更无闻焉。直至末叶，始有金和、黄遵宪、康有为，元气淋漓，卓然称大家。

以言夫词，清代固有作者，驾元明而上，若纳兰性德、郭麐、张惠言、项鸿祚、谭献、郑文焯、王鹏运、朱祖谋，皆名其家，然词固所共指为小道者也。

以言夫曲，孔尚任《桃花扇》、洪昇《长生殿》外，无足称者；李渔、蒋士铨之流，浅薄寡味矣。

以言夫小说，《红楼梦》只立千古，余皆无足齿数。

以言夫散文，经师家朴实说理，毫不带文学臭味；桐城派则以文为"司空城旦"矣。其初期魏禧、王源较可观，末期则魏源、曾国藩、康有为。清人颇自夸其骈文，其实极工者仅一汪中，次则龚自珍、谭嗣同。其最著名之胡天游、邵齐焘、洪亮吉辈，已堆垛柔曼无生气，余子更不足道。

要而论之，清代学术，在中国学术史上，价值极大；清代文艺美术，在中国文艺史美术史上，价值极微；此吾所敢昌言也。

清代何故与欧洲之"文艺复兴"异其方向耶？所谓"文艺复兴"者，一言以蔽之，曰返于希腊。希腊文明，本似美术为根干，无美术则无希腊，盖南方岛国景物妍丽而多变化之民所特产也。而意大利之位置，亦适与相类。希腊主要美术在雕刻，而其实物多传于后。故维那神像（雕刻裸体女神）之发掘，为文艺复兴最初之动机；研究学问上古典，则其后起耳。故其方向特趋重于美术，宜也。我国文明，发源于北部大平原。平原雄伟广荡而少变化，不宜于发育美术。所谓复古者，使古代平原文明之精神复活，其美术的要素极贫乏，则亦宜也。

然则曷为并文学亦不发达耶？

欧洲文字衍声，故古今之差变剧；中国文字衍形，故古今之差变微。文艺复兴时之欧人，虽竞相与研究希腊，或径以希腊文作诗歌及其他著述，要之欲使希腊学普及，必须将希腊语译为拉丁或当时各国通行语，否则人不能读。因此，而所谓新文体（国语新文学）者，自然发生，如六朝隋唐译佛经，产生一种新文体，今代译西籍，亦产出一种新文体，相因之势然也。

我国不然，字体变迁不剧，研究古籍，无待迻译。夫《论语》《孟子》，稍通文义之人尽能读也，其不能读《论语》《孟子》者，则并《水浒》《红楼》亦不能读也，故治古学者无须变其文与语。既不变其文与语，故学问之实质虽变化，而传述此学问之文体语体无变化，此清代文无特色之主要原因也。重以当时诸大师方以崇实黜华相标榜，顾炎武曰："一自命为文人，便无足观。"（《日知录》二十）所谓"纯文艺"之文，极所轻蔑。高才之士，皆集于"科学的孝证"之一途。其向文艺方面讨生活者，皆第二派以下人物，此所以不能张其军也。

三十二

问曰：吾子屡言清代研究学术，饶有科学精神，何故自然科学，于此时代并不发达耶？

答曰：是亦有故。文化之所以进展，恒由后人承袭前人知识之遗产，继长增高。凡袭有遗产之国民，必先将其遗产整理一番，再图向上，此乃一定步骤。欧洲文艺复兴之价值，即在此。故当其时，科学亦并未发达也，不过引其机以待将来。清代学者，刻意将三千年遗产，用科学的方法大加整理，且亦确已能整理其一部分。凡一国民在一时期内，只能集中精力以完成一事业，且必须如此，然后事业可以确实成就。清人集精力于此一点，其贡献于我文化者已不少，实不能更责以其他。且其趋势，亦确向切近的方面进行，例如言古音者，初惟求诸《诗经》《易经》之韵，进而考历代之变迁，更进而考古今各地方音，遂达于人类发音官能构造之研究，此即由博古的考证引起自然科学的考证之明验也。故清儒所遵之途径，实为科学发达之先驱，其未能一蹴即几者，时代使然耳。

复次，凡一学术之发达，必须为公开的且趣味的研究，又必须其研究资料比较的丰富。我国人所谓"德成而上，艺成而下"之旧观念，因袭已久，本不易骤然解放，其对于自然界物象之研究，素乏趣味，不能为讳也。科学上之发明，亦何代无之？然皆带秘密的性质，故终不能光大，或不旋踵而绝，即如医学上证治与药剂，其因秘而失传者，盖不少矣。凡发明之业，往往出于偶然。发明者或并不能言其所以然，或言之而非其真，及以其发明之结果公之于世，多数人用各种方法向各种方面研究之，然后偶然之事实，变为必然之法则。此其事非赖有种种公开研究机关——若学校若学会若报馆者，则不足以收互助之效，而光大其业也。夫在清代则安能如是？此又科学不能发生之一原因也。

然而语一时代学术之兴替，实不必问其研究之种类，而惟当问其研究之精神。研究精神不谬者，则施诸此种类而可成就，施诸他种类而亦可以成就也。清学正统派之精神，轻主观而重客观，贱演绎而尊归纳，虽不无矫枉过正之处，而治学之正轨存焉。其晚出别派（今文学家）能为大胆的怀疑解放，斯亦创作之先驱也。此清学之所为有价值也欤？

三十三

读吾书者，若认其所采材料尚正确，所批评亦不甚纰缪，则其应起之感想，有数种如下。

其一，可见我国民确富有"学问的本能"。我国文化史确有研究价值，即一代而已见其概。故我辈虽当一面尽量吸收外来之新文化，一面仍万不可妄自菲薄，蔑弃其遗产。

其二，对于先辈之"学者的人格"，可以生一种观感。所谓"学者的人格"者，为学问而学问，断不以学问供学问以外之手段。故其性耿介，其志专一，虽若不周于世用，然每一时代文化之进展，必赖有此等人。

其三，可以知学问之价值，在善疑，在求真，在创获。所谓研究精神者，归著于此点。不问其所疑所求所创者在何部分，亦不问其所得之巨细，要之经一番研究，即有一番贡献。必如是始能谓之增加遗产，对于本国之遗产当有然，对于全世界人类之遗产亦当有然。

其四，将现在学风与前辈学风相比照，令吾曹可以发现自己种种缺点。知现代学问上笼统影响凌乱肤浅等等恶现象，实我辈所造成。此等现象，非彻底改造，则学问永无独立之望，且生心害政，其流且及于学问社会以外。吾辈欲为将来之学术界造福耶？抑造罪耶？不可不取鉴前代得失以自策厉。

　　吾著此书之宗旨，大略如是。而吾对于我国学术界之前途，实抱非常乐观。盖吾稽诸历史，征诸时势，按诸我国民性，而信其于最近之将来，必能演出数种潮流，各为充量之发展。吾今试为预言于此，吾祝吾观察之不谬，而希望之不虚也。

　　一、自经清代考证学派二百余年之训练，成为一种遗传，我国学子之头脑，渐趋于冷静缜密。此种性质，实为科学成立之根本要素。我国对于"形"的科学（数理的），渊源本远，根柢本厚；对于"质"的科学（物理的），因机缘未熟，暂不发展。今后欧美科学，日日输入，我国民用其遗传上极优粹之科学的头脑，凭借此等丰富之资料，瘁精研究，将来必可成为全世界第一等之"科学国民"。

　　二、佛教哲学，本为我先民最珍贵之一遗产，特因发达太过，末流滋弊，故清代学者，对于彼而生剧烈之反动。及清学发达太过，末流亦敝，则还元的反动又起焉。适值全世界学风，亦同有此等倾向，物质文明烂熟，而"精神上之饥饿"益不胜其苦痛。佛教哲学，盖应于此时代要求之一良药也。我国民性，对于此种学问，本有特长，前此所以能发达者在此，今后此特性必将复活。虽然，隋唐之佛教，非复印度之佛教，而今后复活之佛教，亦必非复隋唐之佛教。质言之，则"佛教上之宗教改革"而已。

　　三、所谓"经世致用"之一学派，其根本观念，传自孔孟，历代多倡道之，而清代之启蒙派晚出派，益扩张其范围。此派所揭橥之旗帜，谓学问有当讲求者，在改良社会增其幸福，其通行语所谓"国计民生"者是也。故其论点，不期而趋集于生计问题。而我国对于生计问题之见地，自先秦诸大哲，其理想皆近于今世所谓"社会主义"。二千年来生计社会之组织，亦蒙此种理想之赐，颇称均平健实。今此问题为全世界人类之公共问题，各国学者之头脑，皆为所恼。吾敢言我国之生计社会，实为将来新学说最好之试验场，而我国学者对于此问题，实有最大之发言权，且尤当自觉悟其对此问题应负最大之任务。

四、我国文学美术，根柢极深厚，气象皆雄伟，特以其为"平原文明"所产育，故变化较少。然其中徐徐进化之迹，历然可寻，且每与外来之宗派接触，恒能吸受以自广。清代第一流人物，精为不用诸此方面，故一时若甚衰落，然反动之征已见。今后西洋之文学美术，行将尽量输入，我国民于最近之将来，必有多数之天才家出焉，采纳之而傅益以己之遗产，创成新派，与其他之学术相联络呼应，为趣味极丰富之民众的文化运动。

五、社会日复杂，应治之学日多，学者断不能如清儒之专挈古典；而固有之遗产，又不可蔑弃，则将来必有一派学者焉，用最新的科学方法，将旧学分科整治，撷其粹，存其真，续清儒未竟之绪，而益加以精严，使后之学者既节省精力，而亦不坠其先业；世界人之治"中华国学"者，亦得有藉焉。

以吾所观察所希望，则与清代兴之新时代，最少当有上列之五大潮流，在我学术界中，各为猛烈之运动，而并占重要之位置。若今日者，正其启蒙期矣。吾更愿陈馀义以自厉，且厉国人。

一、学问可嗜者至多，吾辈当有所割弃然后有所专精。对于一学，为彻底的忠实研究，不可如刘献延所诮"只教成半个学者"（《广阳杂记》卷五），力洗晚清笼统肤浅凌乱之病。

二、善言政者，必曰"分地自治，分业自治"；学问亦然，当分业发展，分地发展。分业发展之义易明，不赘述。所谓分地发展者，吾以为我国幅员，广埒全欧，气候兼三带，各省或在平原，或在海滨，或在山谷。三者之民，各有其特性，自应发育三个体系以上之文明。我国将来政治上各省自治基础确立后，应各就其特性，于学术上择一二种为主干。例如某省人最宜于科学，某省人最宜于文学美术，皆特别注重，求为充量之发展。必如是，然后能为本国文化、世界文化作充量之贡献。

三、学问非一派可尽。凡属学问，其性质皆为有益无害，万不可求思想统一，如二千年来所谓"表章某某、罢黜某某"者。

学问不厌辨难，然一面申自己所学，一面仍尊人所学，庶不至入主出奴，蹈前代学风之弊。

吾著此篇竟，吾感谢吾先民之饷遗我者至厚，吾觉有极灿烂庄严之将来横于吾前！